지구 정복을 위한 고롱고롱 인간 관찰기

지구 정복을 위한 고롱고롱 인간 관찰기

초판 1쇄 발행 2026년 1월 9일

글쓴이 블랙캣
그린이 현영진

편집장 천미진 | **편집책임** 김현희 | **편집** 최지우
디자인책임 최윤정 | **마케팅** 한소정 | **경영지원** 한지영

펴낸이 한혁수 | **펴낸곳** 도서출판 다림 | **등록** 1997. 8. 1. 제1-2209호
주소 07228 서울시 영등포구 영신로 220 KnK 디지털타워 1806호
전화 02-538-2913 | **팩스** 070-4275-1693 | **전자 우편** darimbooks@hanmail.net
블로그 blog.naver.com/darimbooks | **다림 카페** cafe.naver.com/darimbooks

ISBN 978-89-6177-362-1 (73470)

인간을 알고 약점을 알면 **백전백승!**

지구 정복을 위한 고롱고롱 인간 관찰기

블랙캣 글 현영진 그림

다림

작가의 말

저는 아직도 궁금한 것들이 참 많습니다. 특히 인간이라는 존재에 대해서요. 인간으로 태어났으니 이렇게 생기고, 생각하고, 움직이는 것이 이상한 건 아닙니다만, 살다 보니 인간의 몸은 좋은 점 못지않게 불편한 점도 꽤 많다는 것을 느낍니다.

왜 인간은 간단하게 무성 생식으로 자손을 번식하면 될 것을 번거롭고 시간도 오래 걸리는 유성 생식을 할까? 평생을 거의 혼자 지내는 동물도 많은데, 왜 굳이 서로 헐뜯고 싸우면서 떼로 몰려 사는 걸까? 등등 이런 잡다한 궁금증을 해소하고자 인간의 신체, 심리, 욕구와 관련된 책을 읽다 보니 인간은 정말이지 수만, 수억 개의 우연이 만들어 낸 결과이고, 덕분에 이 변화무쌍한 지구라는 곳에서 지금까지 살아남은 축복받은 생명체라는 걸 깨달았습니다. 가끔 나 자신이 하찮게 느껴지고 남들과 비교해 한없이 부족한 내가 한심할 때도 있습니다. 그럴 때마다 진화 생물학 관련 책을 보면, 지금 내 몸이 수많은 조상님들의 엄청난 고통과 희생 끝에 탄생한 소중한 몸이라는 것을 깨닫게 됩니다.

이 책을 읽을 독자분들도 인류가 수만 년에 걸쳐 적응한 역사를 하나하나 알게 되면 저처럼 자신을 더 소중하게 여기지 않을까란 생각이 듭니다. 그리고 또 이 책을 읽다 보면 저처럼 외계인의 선택을 받을 수도 있습니다. ('받습니다'가 아니라 '받을 수도 있습니다'라고 썼습니다.)

비밀이지만, 이 글을 쓰고 있을 때 UFO(미확인 비행 물체)로 추정되는 물체를 발견했다는 사진이나 기사가 제 알고리즘에 자주 떴거든요. 관련 검색을 한 적도 없는데 말이죠. 책 콘셉트를 인간이 궁금한 외계인의 이야기로 설정한 직후로 기억됩니다. 그 순간부터 저 역시 외계인의 조사 대상이 된 것은 아닐까란 생각을 잠시 해 봤습니다.

왜냐하면 길냥이들이 제게 관심을 보이기 시작한 때도 이즈음이었거든요. 여러분, 외계인, 아니 고양이 조심하세요. 그들도 인간을 매우 궁금해하는 것 같습니다.

이상 지구에 사는
인간 관찰자 블랙캣

차례

1장 인간의 신체

2장 인간의 심리

3장 인간의 욕구

4장 인간의 취향

프롤로그

골골송의 비밀

외계인이 바로 우리 곁에 있다면 믿겠는가?
이들은 인간을 노예로 만들어 부려 먹기 위해 지구인을 몰래 관찰하고 있다.
원하는 형태로 몸을 바꿀 수 있는 외계인들은 긴 회의 끝에 지구에 잠입하기에 딱 좋은 모습을 찾아냈다.
어디에나 있고, 조용히 걸어 다니지만
불쑥 나타나도 경계하지 않는 존재,

바로 고양이다.
높은 곳,
좁은 곳,
어디든 갈 수
있는 유연한 몸.
거부할 수 없는 귀여움.
냥
인간들은 이들을 지나치지 못하고,
곧잘 먹이를 갖다 바친다.
고양이 급식소
고양이가 식빵을 구우며 골골송을 부른다면,
스파이 활동으로 얻은 정보를 외계로 보내는 것이니 항상 조심할 것!
골
골

1장

인간의 신체

인간의 신체

우유의 속 불편한 진실

아이스크림, 빙수, 초코우유는 1년 내내 많은 인간이 즐겨 찾는 음식이다. 그런데 어떤 인간은 이런 음식을 먹으면 배가 아프다. 바로 이 먹거리에 들어가는 우유 때문이다. 우유, 그게 대체 뭐길래?

우유, 무엇이 문제일까?

우유(젖)에는 탄수화물, 단백질, 지방처럼 에너지를 내는 영양소는 물론 칼슘과 비타민 A처럼 에너지를 낼 수는 없지만 튼튼한 몸을 만드는 데 꼭 필요한 영양소도 들어 있다. 그야말로 우유는 먹기도 편하면서 필요한 영양소도 모두 갖춘 완전식품•이다. 그래서 아직 음식을 씹어 먹을 이가 나지 않은 갓난아이에게는 우유만큼 좋은 먹거리가 없다.

하지만 젖을 떼면서 우유 속 영양소 중 하나인 유당이 문제를 일으킨다. 유당을 분해하는 물질인 효소의 양이 줄면서 소화되지 못한 우유가 배를 아프게 한다. 지구 성인의 약 75퍼센트가 유당을 소화할 수 없다는 연구 결과도 있다.

유당은 작은창자를 거쳐 큰창자까지 내려가며 그곳에 있는 장내 균에 의해 발효되기 시작한다. 이 과정에서 만들어진 가스가 배를 부풀게 하고 설사를 일으킨다. 이 증상을 '유당 불내증'이라고 한다.

• 완전식품 인간에게 필요한 영양소 대부분이 들어 있는 음식. 달걀, 콩, 우유 등이 있다.

우유 먹고 자란 인간이 우유를 못 먹게 된 사연

사실 인간처럼 젖을 먹여 아기를 키우는 다른 포유류도 성체가 되면 우유를 잘 소화하지 못한다. 개나 고양이가 먹을 수 있도록 유당을 제거한 펫 우유가 따로 있을 정도다. 왜 자라면서 유당을 소화하는 능력이 떨어질까? 답은 간단하다. 젖을 떼는 시기가 되면 유당 분해 효소가 줄어들도록 진화했기 때문이다. 아기의 위장은 아직 성장이 덜 끝나서 다양한 음식을 소화하기 어렵다. 음식을 씹어 먹을 이도 나지 않았다. 젖은 아기가 먹을 수 있는 거의 유일한 음식이다. 그래서 모든 아기는 젖의 유당을 소화하기 위해 유당 분해 효소를 성실하게 만들어 낸다. 시간이 지나 이가 나고 소화 기능도 좋아지면서 젖 대신 먹을 수 있는 음식이 생기고 유당 분해 효소의 양이 줄어든다. 자연스럽게 우유를 소화하는 능력도 떨어진다. 즉, 우유를 잘 소화하지 못하는 건 성장 과정에서 일어나는 자연스러운 변화이다. 그런데 특이하게도 일부 인간들은 성인이 되어도 문제없이 우유를 소화할 수 있다.

선택받은 유전자, 우유를 먹을 수 있는 인간들

어른이 되어서도 우유를 잘 마시는 인간들은 뭘까? 어째서 그들은 신생아의 유일한 먹거리를 다 커서도 먹을 수 있게 된 걸까? 그 이유를 밝히기 위해 과학자들은 유럽, 아시아, 아프리카 등 세계 각지의 유당 소화 능력을 비교·분석해 보았다. 그 결과, 북유럽 지역에서는 유당 분해 효소를 가진 성인의 비율이 90퍼센트 이상으로 다른 지역보다 훨씬 높다는 사실이 밝혀졌다. 서늘하고 습한 기후의 북유럽에서는 농사를 지어 곡물을 재배하기 어려웠다. 대신에 넓은 목초지를 이용해 소를 키웠고 일찍부터 낙농업이 발달하였다. 우유는 북유럽 사람들에게 중요한 영양 공급원이 되었고, 이에 따라 젖을 뗀 후에도 우유를 잘 소화하는 인간들이 더 오래 살아남아 그 유전자가 퍼졌다. 또한, 나이가 들어서도 유당 분해 효소를 계속 만들어 낼 수 있게 하는 돌연변이 유전자가 있다는 사실도 밝혀졌다. 이 돌연변이는 우연히 생겨난 것이지만, 우유가 귀한 영양원이던 환경에서는 이런 유전자를 가진 인간들이 생존에 유리했기에 세대를 거치며 성인이 되어서도 우유를 소화할 수 있는 인간들이 점점 많아지게 된 것이다.

인간이 우유를 잘 소화하지 못하는 건 자라면서 생기는 자연스러운 변화이다. 우유를 소화하지 못한 인간 덕분에 수많은 신생아가 살아남았고, 그 결과 지금처럼 인간이 많아진 게 아닐까?

365 골골통신

지구 성인의 75퍼센트는

우유를 소화하지 못해 배앓이한다.

자라면서 우유 속 유당을 분해하는

소화 효소가 점점 줄어들기 때문이라나?

다만 나이가 들어도 유당 분해 효소가 나오는 돌연변이

유전자가 있어서 평생 우유를 마셔도 문제없는 인간도 있다.

우유는 인간이 극복할 수 있는 약점이다.

더 치명적인 약점을 발견할 때까지 인간들을

조금 더 관찰해야겠다냥!

인간의 신체

땀 흘린 자에게 물과 소금을

인간의 피부에서는 땀이 나온다. 인간은 매우 덥거나 열이 날 때 땀을 흘리지만, 꼭 이런 상황이 아니더라도 하루에만 500~700밀리리터의 땀을 흘린다. 그 이유는 무엇일까?

인간은 왜 땀을 흘릴까?

인간은 체온이 40도 이상 올라가면 몸이 제대로 작동하지 않아 죽을 수도 있다. 그래서 피부에 있는 300만 개가 넘는 땀샘을 통해 체온을 조절한다. 어떻게? 땀은 99퍼센트가 물로 이루어져 있다. 땀샘에서 배출된 땀은 증발하며 열을 빼앗아 간다. 이 능력 덕분에 인간은 열이 많이 나는 상황에서도 체온을 37도로 일정하게 유지한다. 놀랍게도 이 시스템은 거의 에어컨과 맞먹는 수준으로 매우 효율적이다.

온몸이 털로 덮인 개와 고양이, 늑대 같은 포유류도 발바닥에 있는 땀샘에서 땀이 나오기는 하지만 대부분 호흡을 통해 몸속의 뜨거운 공기와 바깥의 공기를 교환하며 체온을 조절한다. 이 방법은 바깥 공기가 뜨거울수록 효율성이 떨어진다. 그래서 열대 지역에 사는 일부 맹수들은 체온이 올라가는 것을 막기 위해 뜨거운 한낮에는 거의 움직이지 않고, 그나마 시원한 밤이나 새벽에 사냥한다.

흘린 만큼 마신다, 땀 때문에 소중해진 물

하지만 땀 흘리기에는 치명적인 단점이 있다. 바로 땀을 흘린 만큼 물을 보충해 줘야 한다는 점이다. 몸 안에서 물이 만들어지기는 하지만 그 양으로는 턱없이 부족하다. 음식을 먹거나 물을 마셔서 부족한 양을 채워 줘야 한다.

게다가 인간은 땀 외에도 오줌, 똥, 호흡으로 하루에 약 2리터 이상의 물을 배출한다. 물이 부족하면 갈증이 나고, 집중력이 떨어지며, 어지러움을 느낀다. 또 혈압도 낮아진다. 피의 약 50퍼센트가 물이기 때문이다. 혈압이 낮아지면 뇌를 비롯한 중요 기관으로 가는 피의 양이 부족해져서 죽을 수도 있다. 그래서 인간은 물만 마시고 음식을 먹지 않으면 최대 8주까지도 버틸 수 있지만, 물조차 없으면 보통 3~4일 안에 죽는다.

인간의 몸에서 물은 하천과 같다. 산소와 영양분을 나르는 물길이 되어 주고, 땀과 피를 만드는 재료로 쓰인다. 뇌를 보호하고 관절이 잘 움직이도록 도와준다. 하천이 마르면 그 주변은 황무지로 변한다. 그래서 인간은 몸 구석구석에 물을 보관하고 있는데, 그 양이 몸무게의 약 60퍼센트나 될 정도다.

0.6퍼센트의 염분이 하는 일

땀에는 염분도 있다. 염분은 쉽게 말하면 소금이다. 땀에서 염분 비율은 1퍼센트도 안 되지만 물만큼 인간의 몸에서 중요한 일을 한다. 근육을 움직이고, 신경 신호를 전달하며, 혈액량을 조절한다. 하지만 염분이 너무 많으면 독이 되므로 인간의 몸에서는 염분을 적절하게 조절한다. 허리 뒤쪽에 위치한 신장은 혈액에서 과하게 많은 염분을 비롯하여 몸에 필요 없는 물질을 걸러 내어 오줌으로 내보낸다. 이때 짠 음식을 많이 먹어 몸속 염분 농도가 높아지면 물이 부족하다는 신호를 보낸다. 갈증을 느껴서 물을 마시게 하고 오줌으로 내보내는 염분의 양을 늘린다. 반대로 몸속 염분이 낮아진다면? 염분을 먹어서 채우는 수밖에 없다. 이런 사태를 대비해 인간의 몸은 본능적으로 짠맛을 좋아하도록 진화하고 짠맛에 적응했다. 그래서 땀을 많이 흘려 염분이 빠져나가면 자기도 모르게 짠 음식을 찾게 된다.

하지만 현대인은 원시 시대 인간들보다 몸을 덜 움직이고 땀도 덜 흘린다. 일상생활에서 땀을 많이 흘려도 평소처럼 밥을 먹으면 부족한 염분을 충분히 채울 수 있다. 하지만 짠맛을 좋아하는 본능은 여전히 남아서 짠 음식을 필요 이상으로 많이 먹고 있다. 그래서 염분을 조절하는 신장에 이상이 생기고 고혈압과 같은 질병에 시달리기도 한다. 인간이여, 오래 살고 싶다면 염분을 적당히 먹도록 하자.

365 골골통신
인간은 땀을 흘려 체온을 일정하게 유지한다.
그리고 땀과 오줌으로 배출되는 물과 염분을 보충하기 위해
갈증을 느끼고 짠맛을 좋아하도록 진화했다.
현대에는 이 생존 장치 때문에 짠 음식을 많이 먹어서
병을 얻기도 한다. 인간들을 오랫동안 튼튼한 노예로 부리기 위해서는
싱거운 음식으로 인간들의 입맛을 길들일 필요가 있겠다냥.

인간의 신체

'두 발'로 세상을 지배하다

지구의 척추동물 대부분은 네발로 걷는다. 펭귄, 캥거루, 조류 등 일부 동물은 두 발 걷기를 하지만 사실상 인간처럼 척추를 똑바로 세우고 직립 보행하는 동물은 인간이 유일하다. 인간은 왜 직립 보행을 선택한 걸까?

인간은 언제부터 두 발로 걸었을까?

진화론으로 유명한 찰스 다윈은 인간의 대표적인 특징으로 큰 두뇌, 작은 치아, 직립 보행, 도구 사용 등을 언급했다. 그렇다면 이 네 가지 특징 중 가장 먼저 일어난 변화는 무엇일까? 지금까지 인류학자들이 연구한 바에 따르면 직립 보행이 가장 먼저 일어났다고 한다.

약 700만 년 전 인간의 조상은 숲속에서 나무를 타며 생활했다. 온종일 나무 위에만 있던 건 아니고, 종종 땅에 내려와서 두 발로 이동하기도 했다. 이후 먹거리를 찾기 위해 땅에서 생활하는 시간이 늘어나면서 두 발 걷기에 차차 익숙해졌다.

하지만 직립 보행이 인간의 걷기 방식으로 완전히 자리 잡는 데만 500만 년이라는 시간이 걸렸다. 긴 시간에 걸쳐 일어난 변화여서 인간이 언제부터 직립 보행을 했는지는 아직 논란이 있다. 사실 언제인지는 중요하지 않다. 두 발로 걷게 되었다는 게 중요하지.

두 발로 문명을 만들다

인간은 두 발로 걷기 시작하면서 넓어진 시야로 포식자를 빠르게 파악했고, 네발로 걸을 때보다 훨씬 적은 에너지를 들여 먼 거리를 이동할 수 있었다. 또 햇빛을 받는 몸통의 면적이 작아져서 땀을 덜 흘리고 체력도 아낄 수 있었다. 자유로워진 두 손으로는 짐을 나르거나 도구를 만들었다.

횡격막•이 위아래로 자유롭게 움직이면서 숨쉬기도 편해졌다. 목소리를 내는 발성 구조가 바뀌면서 말소리와 손동작을 사용한 의사소통이 활발하게 이뤄졌다. 무리 속에서 다른 인간들과 교류하면서 지능은 높아졌다. 이렇듯 직립 보행이 가져온 변화는 도미노처럼 인간의 생활 방식을 차례차례 바꿔 나갔다.

인간에게 직립 보행은 고통의 시작

하지만 인간은 직립 보행을 하면서 치명적인 질병을 얻었다. 첫 번째는 허리 디스크와 무릎 관절 질환이다. 두 발로 걷기 위해서는 몸통이 항상 똑바로 서 있어야 하

• 횡격막 가슴과 배를 구분 짓는 얇은 막.

는데 이 과정에서 몸무게가 허리뼈와 골반에 몰리게 되었다. 또 걸을 때마다 몸무게가 한쪽 다리로 한꺼번에 몰리면서 무릎에 무리가 가기 시작했다. 그 결과 인간의 허리와 무릎은 끊임없이 몸 전체의 무게를 지탱하면서 나이가 들수록 점점 닳고 고장 난다.

인간이 직립 보행으로 얻은 두 번째 질병은 고혈압과 뇌출혈이다. 네발로 걷는 동물은 심장이 몸통과 같은 높이에 있어서 온몸 구석구석으로 피를 내보내기 쉽다. 반면에 인간은 두 발로 서 있어서 심장이 몸통 중간에 위치한다. 어깨와 뇌는 심장보다 높은 위치에 있어서 심장은 중력을 거슬러 많은 양의 피를 위로 올려 보내야 한다. 혈류를 심장 위쪽으로 내보내는 구조 때문에 고혈압 부담이 커졌다.

특히 뇌는 산소와 영양분을 많이 쓰는 기관이다. 그래서 심장은 뇌까지 피를 보내기 위해 더 강한 힘으로 혈액을 뿜어낸다. 그 결과 뇌혈관에 가해지는 압력이 더 높아지고, 그래서 뇌출혈 위험도 함께 커졌다.

세 번째는 출산의 고통이다. 두 발로 안정적으로 걸으려면 골반의 좌우 폭이 좁고 가까워야 한다. 직립 보행을 하면서 좁아진 골반 때문에 아기가 나오는 산도•는 그만큼 좁아졌다. 반면 태아의 머리는 평균적으로 산도보다 더 크기 때문에 인간 여성은 출산할 때마다 엄청난 고통을 받는다.

• 산도 아기를 낳을 때 태아가 지나는 통로.

남다른 걸음마가 가져온 변화

인간들은 두 발로 걸으면서 얻은 것도 많고, 잃은 것도 많다. 인간은 다른 척추동물처럼 달리기가 빠르거나 수영을 잘하지 못한다. 직립 보행은 척추에 무리를 주고 속도도 떨어지는 이동 방식이다. 인간들은 약점을 극복하기 위해 힘을 뭉쳤고 서로의 거리는 좁아졌다. 정교한 손동작으로 도구를 만들고 사용하면서 자신보다 훨씬 큰 포식자를 사냥하며 살아남았다. 인간은 직립 보행이 가진 약점을 극복해 나가며 지구에 엄청난 영향력을 미치고 있다. 인간의 직립 보행은 인류사뿐만 아니라 지구라는 행성에서도 중요한 전환점이라고 할 수 있다.

365 골골통신

인간은 직립 보행을 하면서
적은 에너지로도 먼 거리를 이동하여 식량을 구할 수 있었고
자유로워진 손으로 다양한 도구를 만들어 냈다.
의사소통 능력이 높아지며 큰 무리를 이루어 살아가기 시작했다.
하지만 허리 디스크, 관절 질환, 고혈압 등의 고통도 얻었다.
직립 보행을 하는 인간은 빠르지는 않지만 오래 달릴 수 있다.
인간이 도망칠 때를 대비해서 먼 지역까지 우리 외계인의
감시선을 준비해 놓아야겠다냥.

인간의 신체

같은 공간, 다른 생각

인간은 각자의 경험과 배경지식에 따라 같은 것을 두고도 다르게 인식한다. 같은 그림을 보고도 누군가는 토끼를, 누군가는 오리를 먼저 떠올린다. 왜 일까?

출처: 위키미디어 커먼스

내가 보는 것만이 내 세상

뇌에 저장된 수만 가지의 데이터에 따라 인간이 세상을 바라보는 방식도 가지각색이다. 의식하든 의식하지 못하든 인간은 모두 자기만의 세상을 살아간다. 강아지를 귀여워하는 인간이 있는가 하면 무서워하는 인간도 있다. 슬픈 음악을 듣고 우울해지는 인간이 있는가 하면 오히려 위로를 받는 인간도 있다. 이렇듯 아주 사소한 것에서부터 인간은 제각각 서로 다른 세상을 경험한다.

게다가 뇌는 새로운 정보와 이전의 경험을 합쳐서 무언가를 판단할 때도 많다. 이미 머릿속에 자리 잡은 정보에 새로운 정보를 맞춰 보며 수많은 경우의 수가 만들어진다. 인간의 뇌는 왜 이렇게 번거로운 과정을 거칠까?

원시 시대에는 부스럭거리는 소리를 듣거나 어떤 동물의 그림자를 보았을 때, 이것이 위협이 되는지 빠르게 판단해야 했다. 그럴 때 이전에 겪은 상황과 이를 극복했던 경험, 혹은 동료에게 얻은 정보를 떠올려서 행동하는 게 살아남는 데 유리했다. 즉, 과거에 쌓아 온 정보가 중요한 단서가 됐다. 인간의 독특한 사고방식은 치열하게 살아남으며 자리 잡은 생존법이라고 할 수 있다.

자극을 선택해서 받아들이는 인간의 뇌

인간의 뇌는 시각, 후각, 청각, 촉각, 미각 등의 감각을 통해 실시간으로 느껴지는 자극을 곧이곧대로 받아들이지 않는다. 대신 머릿속에 저장된 경험과 지식을 적극적으로 활용하여 자극을 걸러 낸다.

해가 뜨면서 매초 바뀌는 주변의 색, 거리에서 나는 냄새, 피부에 닿는 옷의 촉감 등 인간은 수많은 자극에 둘러싸여 있다. 이 자극들에 뇌가 모두 반응하려면 에너지를 채우기 위해 하루 종일 먹어도 부족하다.

그래서 인간의 뇌는 에너지를 절약하려고 끊임없이 학습하고 정보를 업데이트한다. 중요한 자극에 빠르게 반응하고, 익숙한 감각은 적당히 무시한다. 예컨대 시계에서 초침 소리가 계속 들려도 별 신경 쓰지 않지만, 비상벨이 울리면 위험하다고 판단하고 움직인다. 오래된 창고에 들어갔을 때 먼지 냄새에 인상을 찌푸리지만, 시간이 지나면 냄새에 익숙해지고 물건을 정리하는 데 집중한다.

그리고 인간의 뇌는 눈앞에 있는 정보보다 맨 처음에 입력된 정보에 맞춰 무언가를 인식할 때도 많다. 대표적으로 첫인상 효과가 있다. 첫인상이 그 후의 정보보다 더 큰 영향을 미치는 현상을 말하는데, 실제로 첫인상에서의 평가는 시간이 지나도 웬만해서는 잘 바뀌지 않는다.

뇌에 저장된 정보는 변하지 않을까?

그렇다면 뇌에 입력된 정보는 영원히 변하지 않을까? 다행히도 뇌는 언제든지 새로운 지식을 받아들일 수 있는 능력이 있다. 슬프게도 이런 능력은 나이가 들수록 점점 느려진다. 비슷한 경험을 많이 할수록 생각이나 가치관은 단단하게 굳어진다. 익숙한 환경에서는 에너지를 아끼기 위해 굳이 새로운 사고 회로를 만들지 않기 때문이다.

그래서 나이가 들수록 좀처럼 다른 관점에서 생각하지 않고 자기 고집대로 행동하는 인간도 있다! 하지만 그럴수록 진한 고독함만 느낄 뿐이다. 좀 더 열린 사고방식을 가질 수 있도록 다양한 곳을 여행하고 새 친구를 사귀며 뇌에 신선한 자극을 주자!

365 골골통신
인간의 뇌는 자극을 곧이곧대로 받아들이지 않는다.
에너지를 절약하기 위해 익숙한 감각은
적당히 무시하고 새로운 자극에 크게 반응한다.
살아가면서 쌓인 경험과 배경지식 등 머릿속에
저장된 정보에 따라 자극을 제각각 다르게 해석한다.
인간이 가진 다양성을 이용해서 지구에 우리 외계인의
새로운 문명을 세우면 어떨까냥?

인간의 신체

아이 키우는 데 진심인 편

지구 생물 대부분은 빠르게 성장하고 많은 시간을 번식하는 데 사용한다. 하지만 인간은 다른 동물과 비교할 때 번식보다는 성장에 더 많은 시간과 에너지를 쓴다. 대체 왜?

적게 낳고 오래 키우기 vs 많이 낳고 짧게 키우기

침팬지와 코끼리의 새끼들도 인간의 아기처럼 느린 속도로 자라고, 자식을 적게 낳아 많은 시간과 에너지를 들여 키운다. 이 전략은 비효율적으로 보일 수도 있지만 태어난 아기가 높은 비율로 살아남아서 성공적으로 후손을 남길 수 있었다.

반면에 생쥐는 태어나서 6주가 지나면 번식할 수 있고, 한 번에 여섯 마리에서 여덟 마리의 새끼를 낳는다. 번식력도 강해서 1년에 천 마리 넘게 낳을 수도 있다. 하지만 폭우나 가뭄 등의 날씨 변화로 식량이 부족해지거나 질병에 걸리면 많은 수가 죽을 수도 있다. 그렇다고 해도 환경이 불안정할 때는 많이 낳아서 짧게 키우는 전략이 적게 낳아 오래 키우는 전략보다 개체 수를 늘리는 데는 훨씬 유리하다. 수백 개의 민들레 홀씨 중 한두 개만 뿌리를 내려도 종이 이어지는 것과 비슷하다. 그래서 많이 낳아서 짧게 키우는 건 오히려 예측 불가능한 환경에 적응하는 데 더 적합한 전략이다.

인간의 육아는 무엇이 다를까?

인간은 침팬지처럼 적게 낳고 오래 기르는 방식으로 아기를 키웠다. 다만, 인간은 아기를 키우는 데 훨씬 더 많은 시간과 에너지를 들였다. 침팬지가 사회적으로 독립하는 데 평균 8~10년이 걸린다면 인간은 약 20년이 걸린다. 인간은 아기가 완전히 성장할 때까지 오랜 시간 품을 들여 키우고 독립시켰다.

또한, 침팬지는 보통 한 새끼를 다 키운 다음에야 다음 새끼를 낳는다. 그런데 인간은 비교적 짧은 기간 안에 다시 임신했다. 약 3년에 한 번 자식을 낳고 세 살 정도 되는 어린아이와 갓난아이를 함께 기르기 시작했다. 나이 터울이 있는 형제자매를 동시에 키우는 것이다. 코끼리, 고래, 일부 영장류를 제외하고 인간처럼 오랜 시간 어미의 보호 아래 형제자매가 함께 지내는 건 매우 드물다.

인간은 왜 이토록 느리게 클까?

그렇다면 인간이 약 20년에 걸쳐 느리게 성장하는 이유는 뭘까? 인류학자들은 그 이유 중 하나로 인간이 무리 생활을 하면서 배워야 할 게 많아진 점을 꼽았다. 예컨대 무리에 해를 끼치는 동물을 피하거나 맞서는 법, 위협적인 상황을 눈치채고 재빠르게 행동하는 법, 갈등에 대처하는 법

등은 모두 사회 속에서 배워야 하는 것들이다. 여기에 언어를 익히고 도구도 사용하면서 배움의 양은 점점 늘어 갔다. 이에 따라 복잡한 인간 사회에 적응하는 데 오랜 시간을 투자해야 했다.

인간의 성장이 더딘 이유는 뇌 발달과도 연관이 있다. 태아의 뇌가 더 커지면 엄마의 몸에서 빠져나오기가 힘들다. 그래서 인간 아기는 숨쉬기 같은 생존에 필요한 아주 기본적인 기능만 갖춘 채 9개월 만에 태어난다. 이때 갓난아기의 뇌는 아주 작고 말랑말랑한데, 인간의 뇌 성장이 다 끝났을 때와 비교해 보면 머리 크기가 네 배 정도 차이가 날 정도다.

다른 포유류는 인간 아기보다 뇌가 훨씬 발달한 상태로 태어난다. 예컨대 갓 태어난 소는 비틀거려도 바로 서고 걷기까지 하지만 인간 아기는 걷기는커녕 아직 기는 것도 못 한다. 운동 능력, 체온 조절 능력도 거의 없다. 인간 아기는 다른 포유류가 출생 전에 끝내는 뇌 발달 과정을 태어난 후에 거치며 성장한다. 그리고 그 성장 속도는 폭발적이다.

뇌가 성장하는 시간

생후 2년간 인간의 뇌는 매우 큰 에너지를 들여 새로운 신경을 만드는데, 이때 살아가는 데 필요한 것보다 훨씬 많은 신경을 만든다. 하루에만 수백만 개의 새로운 신경이 만들어진다. 그러다 청소년기에 이르면 필요 없는 연결은 거침없이 잘라 내고 많이 사용하여 꼭 필요한 신경만 남긴다. 다양한 환경에 적응하는 능력을 잃는 대신에 가장 많이 겪은 자극과 환경에 더 빠르게 반응하는 능력이 높아진다. 사고의 핵심이라고 할 수 있는 기억력과 사고력, 감정 조절 등을 담당하는 뇌 부위인 전두엽도 차차 성장한다. 인간마다 차이가 있지만 뇌가 완전히 성숙하는 데는 약 25년이 걸린다. 인간의 성장이 오래 걸릴 수밖에 없는 이유다.

적게 낳아 오래 키우는 전략에는 사회적인 협력이 꼭 필요하다. 그래서 인간은 오래전부터 무리를 이루어 서로 돕고 의지해 왔다. 전쟁이나 전염병, 경제 위기처럼 인간의 번식 전략이 불리한 환경에서도 인간이 살아남을 수 있었던 이유는 협동심 덕분이 아닐까?

365 골골통신
인간은 아기를 적게 낳고 오랫동안 기르는 방식으로
수많은 후손을 남겼다. 인간의 성장이 오래 걸리는 건,
태어날 때 미성숙한 뇌를 가지고 태어나
뇌가 발달하는 데만 20년이 넘게 걸리기 때문이다.
또, 복잡한 인간 사회에 적응하기 위해 배워야 하는 것들도 많았다.
시간이 걸리더라도 성장기의 인간들만 모아
우리 외계인 학교에서 교육하면 어떨까냥.

2장

인간의 심리

인간의 심리

불안해서 살아남았습니다

불안은 시험을 앞두거나 남들 앞에서 발표하는 등의 상황에서 잠깐 느끼는 감정이다. 하지만 인간들은 그보다 훨씬 자주 불안에 사로잡히는 것 같다. 왜일까?

인간은 왜 불안을 느끼는 걸까?

인간의 뇌는 전체 몸무게의 약 2퍼센트밖에 안 되는 무게로 하루에만 25퍼센트의 에너지를 사용한다. 뇌는 에너지를 아끼기 위해 주변의 수많은 자극에 최소한의 에너지로 반응하면서 살아남았다. 이때, 기쁨, 즐거움 같은 긍정적인 감정보다 부정적인 경험과 감정을 저장하는 데 더 많은 에너지를 썼다.

왜냐고? 인간은 200만 년이 넘는 시간 동안 수많은 위험을 겪어 왔다. 사자나 코끼리에게 쫓기고, 음식을 잘못 먹고 식중독에 걸렸다. 화산 폭발이나 홍수처럼 예상치 못한 자연재해에 큰 피해를 보기도 했다. 그래서 인간의 뇌는 무서웠던 경험과 그때 느꼈던 감정을 오래도록 기억한다. 머릿속에 저장해 뒀다가 비슷한 일이 일어났을 때 잘 대처하기 위해서다. 즉, 불안은 인간의 뇌가 위협으로부터 몸을 보호하기 위해 보내는 신호인 셈이다.

불안, 생존하는 데 필수적인 감정

불안하다는 신호를 받으면 뇌는 방어에 집중한다. 혹시라도 모를 위험에서 살아남을 수 있도록 몸을 준비해 놓는다. 불안할 때 나타나는 여러 가지 신체 반응은 인간이 위험에서 벗어나는 데 도움을 준다.

예를 들어 불안할 때 심장이 빨리 뛰고 호흡이 가빠지는 이유는 에너지를 만들어 내는 데 필요한 산소를 더 많이 받아들이기 위해서이다. 소화가 안되는 이유는 위험에서 잘 도망칠 수 있도록 팔다리 근육으로 피가 몰리기 때문이다. 또 사소한 자극 하나하나를 놓치지 않기 위해 시각, 청각 등의 감각이 예민해진다. 예민함 때문에 신경질과 짜증이 느는 것은 어쩔 수 없지만 어찌 됐든 생존에는 도움이 된다.

영화 〈인사이드 아웃 2〉에는 사춘기 소녀의 뇌 속에 사는 기쁨, 슬픔, 분노, 까칠, 소심, 불안 등의 감정이 등장한다. 여기서 불안은 부정적인 기억을 모두 모아 미래를 대비하는 모습을 보인다. 덕분에 주인공은 목표를 이루기 위해 더 많이 연습하고 자신의 목표를 이루는 데 도움이 되는 인간에게 적극적으로 다가가는 등 용기 있는 행동도 한다. 이처럼 적당한 불안은 미래를 대비하고 목표를 이루는 데 긍정적인 역할을 한다.

하지만 불안이 심해지면 오히려 무기력에 빠지거나 집중력이 떨어진다. 불안에서 벗어나고자 술이나 약물에 기대거나, 자극적인 음식을 많이 먹기도 한다. 이는 알코올 중독, 약물 중독, 비만 등으로 이어지고 우울함까지 불러일으킬 수 있다. 불안은 인간이 살아가는 데 필수적인 감정이지만 오늘날 인간에게 불안은 골칫거리 취급을 받는다.

불안을 착각하는 뇌

불안을 느낄 때 뇌에서는 편도체라고 불리는 아몬드처럼 생긴 부위가 반응한다. 하지만 인간의 몸은 생각처럼 단순하지 않다. 뇌에 어떤 감정을 일으키는 부위가 따로 있는 것이 아닐뿐더러, 뇌는 신호 전달, 기억 처리, 호르몬 분비 등 다양한 일을 동시에 해내고 있다. 더군다나 선사 시대와 비교했을 때 현대 사회는 수많은 자극으로 가득하다. 그래서 편도체는 자주 오류를 일으킨다. 지나가는 구급차 소리에 갑자기 불안을 느끼거나, 발표 중에 한 작은 실수를 크게 생각하며 불안을 키우기도 한다. 그래서 인간들은 자주 불안에 휩쓸린다.

불안은 하나의 정보다!

인간이 느끼는 불안은 대개 나 자신, 미래, 성과에 대한 불확실함에서 비롯된다. 따라서 불안을 해소하기 위해서는 자신의 상황을 객관적으로 바라봐야 한다. 불안은 뇌가 비상등을 켜는 것과 똑같다. 무언가 잘 풀리지 않을 때 문제가 무엇인지 알아차리도록 도와주는 감정이다. 불안은 자신이 들여다봐야 할 상황과 관계에 대한 정보다. 그러므로 인간들에게는 불안에 휘둘리거나 도망치기보다 불안한 이유를 알아차리고 하나씩 해결해 나가는 태도가 필요하다.

365 골골통신
자연재해, 전쟁, 사회 변화 등 수많은 위협 아래 살아남은 인간은
부정적인 자극에 훨씬 민감하게 반응하도록 진화했다.
그래서 작은 일에도 쉽게 불안을 느낀다!
불안은 위험을 대비하고 목표를 이루는 데 필수적인 감정이지만
심하면 무기력해지고 우울함도 느낄 수 있다.
불안에 빠진 인간은 예민하므로
우리 외계인은 정체를 들키지 않게
항상 조심, 또 조심해야 된다냥.

인간의 심리

겁쟁이여도 괜찮아

인간은 겁이 많다. 생존과 관련된 위험을 물론이고, 과거의 기억을 떠올리거나 무언가를 상상하는 것만으로도 두려움을 느낀다. 게다가 이런 두려움은 평생 가기도 하는데… 인간은 왜 이렇게 겁쟁이인 걸까?

인간은 무엇을 두려워할까?

인간은 태어날 때부터 본능적으로 두려움을 느낀다. 아기들은 큰 소리가 나면 깜짝 놀라며 울음을 터트린다. 반면에 총이나 전기 콘센트는 무서워하지 않는다. 전기 콘센트를 잘못 만지면 크게 다친다는 걸 주변 사람들의 반응을 보고 배우면서 두려움이 만들어진다. 이처럼 어떤 두려움은 경험을 통해 학습된다. 그래서 살아가면서 인간의 두려움 목록은 많아지기도, 점점 줄어들기도 한다.

인간은 상상력이 뛰어난 동물이라서 일어나지 않은 일을 떠올리며 겁먹기도 한다. 예컨대 공포 영화를 보고 무서운 꿈을 꾸거나 살인자에게 쫓기는 꿈을 꾸고 어두운 골목을 피하는 등의 행동이 있다.

과거에 겪었던 충격적인 사건이 두려움을 불러일으키기도 한다. 어려운 말로 '트라우마'라고 한다. 어렸을 때 물에 빠진 기억 때문에 수영을 못 한다든지, 발표하다 실수한 기억 때문에 무대 공포증이 생기는 식이다. 앞서 말했듯이 인간의 뇌는 오류를 자주 일으킨다. 실제로 벌어진 일이 아니더라도 어떤 상황에서 트라우마로 남은 사건이 떠오르면 두려움을 느낀다.

인간이 두려움에 맞서는 방법

두려움을 느낄 때 인간의 조상들은 본능적으로 자신을 보호했다. 대표적으로 얼어붙기, 기절하기, 도망치기, 싸우기 등이 있다. 짐승과 마주친 인간은 몸이 얼어붙은 듯 움직이지 못한다. 주변 움직임에 민감하게 반응하는 포식자들은 그 모습을 보고 주변 환경이라고 생각해 지나치기도 한다. 비슷한 예로 포식자에게 기절한 사냥감은 더 이상 위협이 되지 않거나 먹잇감으로써 매력이 떨어져서 살아남을 확률이 높아진다. 영화나 애니메이션을 보면 충격적인 상황에 그만 기절해 버리는 캐릭터가 있다. 이 또한 뇌가 이 상황을 감당할 수 없다고 판단하여 컴퓨터 전원을 끄듯이 몸의 기능을 잠깐 꺼서 쓰러지는 반응으로 볼 수 있다.

도망치기와 싸우기는 두려움에 맞서는 가장 대표적인 방법이다. 둘은 반대 반응이지만 어느 쪽이든 같은 신체 변화를 보인다. 심박수가 높아지고 감각이 예민해지며 호르몬의 영향으로 평소보다 몇 배는 더 강한 힘과 속력을 낼 수도 있다.

왕관을 쓴 자, 그 무게를 견뎌라

인간이 이토록 다양한 두려움을 느끼는 건 인간이 높은 지능과 사회성을 가졌기 때문이다. 인간 세상에서는 먹고사는 문제 말고도 신경 써야 할 게 많다. 사회적 지위와 체면, 다른 인간과의 관계, 평가, 자아실현 등 지구에 사는 그 어떤 동물보다 생각이 많다. 그래서 인간은 다른 동물에 비해 두려움을 많이 느끼는 편이다.

365 골골통신

높은 지능과 사회성을 가진 인간은
다른 동물보다 다양한 두려움을 느낀다.
상상력도 뛰어나서 일어나지 않은 미래의 일이나
과거의 충격적인 사건을 떠올리며 지레 겁먹기도 한다.
그럴 때 인간은 도망치기, 싸우기, 얼어붙기 같은 본능적 반응으로
두려운 상황에서 몸을 보호하며 살아남았다. 그렇다면 인간이
우리 외계인의 정체를 알았을 때 보일 방어 전략을
미리 분석해 두는 게 좋겠다냥!

인간의 심리

스트레스에 죽고 사는 인간

스트레스는 정신적인 압박을 받을 때 느껴지는 긴장과 불안한 감정이다. 인간은 스트레스를 받으면 예민하고 화도 많아진다. 그런데 이상하게도 때로는 스트레스 받는 걸 즐기는 것 같다. 도대체 왜?

스트레스, 무엇이 문제일까?

적당한 스트레스는 인간에게 도움이 된다. 스트레스를 받으면 집중력이 올라가서 문제 해결력이 좋아지고 질병에 대한 저항력도 순간적으로 높아지는 효과가 있다.

하지만 너무 과하면 문제가 된다. 갑자기 화를 내거나 눈물을 흘리는 등 감정 기복이 심해진다. 마음이 초조해져서 일에 집중을 못 하고 되레 무기력을 느끼기도 한다.

특히 오랜 시간 심한 스트레스를 받은 인간은 몸을 지키는 면역 체계가 무너져 불면증, 우울증, 비만, 당뇨, 치매 등 건강에 문제가 생기기도 한다. 판단 능력도 떨어져 틀에 박힌 생각만 고집하는 모습도 보인다. 스트레스 상황에 대처하는 데 모든 신경이 쏠려 있어서 새로운 것을 생각할 여유가 없기 때문이다. 주변 관계를 돌볼 체력, 실패를 겪고 다시 일어나는 회복력 등 무리 속에서 살아가는 데 중요한 능력이 떨어지기도 한다. 인간 사회에 괜히 '스트레스는 만병의 근원이다.'라는 말이 있는 게 아니다.

먹고, 자고, 쓰고, 인간이 스트레스를 푸는 방법

스트레스 때문에 바짝 긴장한 인간은 그 상태에서 벗어나려고 행동한다. 그때 제일 많이 볼 수 있는 게 바로 먹는 모습이다. 친구와 싸우고 매운 떡볶이를 사 먹거나 시험을 보기 전에 달콤한 초콜릿을 먹으며 기분을 달랜다. 때로는 배고프지 않은데 스트레스를 받는다는 이유로 음식을 먹을 때도 있다. 음식을 먹는 동안 뇌에서 엔도르핀과 세로토닌 같은 호르몬이 나오면서 기분이 좋아지기 때문이다.

스트레스 상황에서 이 쾌감을 통해 부정적인 감정을 풀려고 하지만 스트레스성 폭식은 '내가 왜 이렇게 많이 먹었지?'라는 죄책감과 수치심을 불러일으키기도 한다. 이러면 또 스트레스 때문에 스트레스를 받는 이상한 상황이 펼쳐진다. 그 밖에도 운동을 하거나, 잠을 자거나, 쇼핑하면서 저마다의 방법으로 인간들은 스트레스를 푼다.

스트레스를 즐기는 인간들

한편 인간은 때때로 일부러 스트레스를 만든다. 소소하게는 롤러코스터를 타는 것부터, 번지 점프나 패러글라이딩처럼 강한 자극을 주는 놀이를 즐기기도 한다. 이런 활동은 지루한 일상에 활력을 주고, 성취감이나 짜릿함을 느끼게 해 준다.

성격에 따라 차이가 있지만, 대부분의 인간은 아무런 변화가 없는 지루한 상황을 오래 견디지 못한다. 그래서 낯선 곳으로 여행을 가고, 새로운 것을 배우고, 목표를 향해 도전한다. 이처럼 적당한 스트레스는 인간에게 좋은 에너지가 되기도 한다.

다만 강도가 지나치게 높은 스트레스는 대부분의 인간이 선호하지 않는다. 인간은 기본적으로 안전을 먼저 고려하도록 진화했기 때문이다. 그래서 많은 인간이 '완전히 편안한 상태'도, '극도의 위험'도 아닌, 적당히 자극적이고 안전한 범위의 스트레스를 즐긴다.

스트레스를 극복하는 인간의 능력

크든 작든 환경은 계속해서 변한다. 변화하는 환경 속에 적응하며 살아가는 모든 생명체에게 스트레스는 피할 수 없는 반응이다. 인간은 특이하게도, 이미 끝난 일을 떠올리거나 아직 일어나지 않은 일을 걱정하면서 스스로 스트레스를 만들기도 한다. 게다가 인간은 가족, 학교 친구 그리고 인터넷 속 인간들까지 넓은 관계망 속에서 살아간다. 이런 복잡한 관계는 때때로 더 많은 스트레스를 불러온다.

그럼에도 인간은 쉽게 무너지지 않는다. 인간의 뇌에는 마음을 가라앉히고 다시 생각하게 돕는 전전두엽이라는 부분이 있어서 스트레스 상황에서도 차분함을 되찾으려 한다. 이러한 지적 능력은 인간이 스트레스를 버티는 데 중요한 역할을 한다.

그래서 인간은 스트레스를 겪더라도 다시 해결 방법을 찾고, 그 경험을 통해 더 단단해지기도 한다. 스트레스를 받고 이겨 내기를 반복하면서 살아온 인간은 고달프지만, 동시에 적응력이 뛰어난 생명체다.

365 골골통신

인간은 심한 스트레스를 받으면 예민하고 폭력적으로 변한다.
무기력이나 우울한 감정을 느끼기도 한다.
반면에 적당한 스트레스는 일상에 새로운 즐거움을 주고
목표를 이루도록 집중력을 올려 주는 등 도움이 된다.
스트레스에 무너지지 않고 나아가는 능력은
인간이 살아남는 데 무척이나 큰 힘이 되었다.
인간을 지배하는 데 스트레스는 양날의 검이기 때문에
조심해서 다뤄야 한다냥!

인간의 심리

미신 없이는 못 살아

미신은 과학적인 근거는 없지만 인간들 사이에 널리 퍼진 믿음을 뜻한다. 시험을 앞두고 미역국을 먹지 않는다던가, 엿을 주고받으면서 시험에 붙기를 기원하는 등의 행동이 있다. 인간은 어쩌다 미신에 빠지게 된 걸까?

마음이 혹하는 이야기 - 가짜 뉴스, 음모론, 유사 과학

먼저 미신처럼 인과 관계•가 분명하지 않은데도 인간들이 곧잘 속아 넘어가는 것들을 몇 가지 더 알아보자. 대표적으로 가짜 뉴스와 음모론이 있다. 가짜 뉴스는 사실이 아닌 거짓된 정보를 전달하는 뉴스를 말한다. 나쁜 의도를 가지고 거짓 정보를 퍼트린다는 특징이 있다. 누군가의 이미지를 깎아내리거나 이익이 되도록 일부러 조작한 뉴스이다.

음모론은 특정 집단이 어떤 사건을 조작하였다는 의심에서 비롯된 주장들이다. 대표적으로 코로나바이러스 백신은 거대 권력을 가진 자들이 마이크로 칩을 심기 위한 목적으로 만들어졌다는 음모론이 있다. 과학과는 전혀 상관없는 내용이지만 과학적으로 증명된 내용인 양 퍼지는 유사 과학도 빠질 수 없다. 혈액형마다 성격이 다르다거나, 밤에 먹는 사과는 건강에 안 좋다는 등의 이야기가 있다.

이처럼 미신은 건강, 세상에 숨겨진 비밀, 미스터리 등 흥미를 끄는 내용

• 인과 관계 한 사건과 그 후에 발생한 다른 사건 사이의 관계.

이 많다. 특히 다리를 떨면 복이 나간다거나, 연인에게 신발을 선물하면 도망간다거나, 검은 고양이는 불행을 불러온다는 것처럼 부정적인 메시지를 담은 미신이 많다. 인간은 부정적인 경험을 더 생생하게 기억하도록 진화했기 때문에 이런 미신은 인간들 사이에서 순식간에 퍼진다.

인간이 미신을 믿는 이유는 뭘까?

인간은 불확실한 건 어떻게든 알고 싶어 하는 호기심 많은 생물이다. 사실 세상사의 대부분은 이유 없이 일어나는 일들이 많다. 그럼에도 인간은 불확실한 부분을 무척이나 궁금해하고 확실하게 정의하려고 한다. 그 과정에서 연관 없어 보이는 현상을 붙여 보고, 사건과 관련 있는 인간들의 의도가 무엇인지 추측한다. 이렇게 사건과 사건 사이에 끊어져 있는 고리가 연결되면 하나의 잘 짜인 이야기가 만들어진다. 특히 음모론은 빈틈을 메꾸고 다듬으면서 완벽한 논리를 갖춰 나가기 때문에 매우 그럴싸해 보인다. 그래서 인과 관계를 따지고, 논리적으로 사고하는 인간들이 미신과 음모론에 더 잘 빠지기도 한다.

예측할 수 없는 상황에 대한 불안도 미신을 믿는 데 영향을 준다. 경제 불황이나 전쟁처럼 사회가 불안할수록 더 많은 미신과 가짜 뉴스, 음모론이 생기고 빠르게 퍼진다. 불안하면 그게 미신일지라도 믿고 그대로 따르는 게 잠시나마 불안을 떨쳐 버릴 수 있기 때문이다.

미신이 살기 위한 본능이라고?

사실 인간은 미신을 쉽게 믿을 수밖에 없다. 학교생활, 시험, 친구 관계, 미래에 대한 불안 등 인간은 다른 생명체보다 훨씬 많은 스트레스를 받으며 살아간다. 자신의 힘만으로 이 모든 문제를 해결하거나 통제할 수 없다는 무기력과 불안에 빠질 때, 미신은 현재 상황을 단순하고 그럴듯하게 설명해 준다.

예컨대 열심히 준비한 시험에서 성적이 잘 안 나왔다고 해 보자. 사실 시

험 문제가 어려웠을 수도 있고, 본인보다 성적을 잘 나온 아이들이 많아서 이런 결과가 나왔다고 분석할 수도 있다. 하지만 그 일을 겪은 당사자는 당장 이 상황을 객관적으로 바라보기가 힘들다. 이럴 때 미신은 상황을 단순하고 명쾌하게 정리한다. '시험 날 아침에 깨진 거울을 봐서 그런 걸까?', '행운의 숫자로 찍었으면 더 잘 맞았을 텐데.', '그날 운세가 별로 안 좋긴 했어.'처럼 말이다. 미신이 상황을 그럴듯하게 설명해 주어서 시험 때문에 받는 스트레스가 줄고, 다음 목표를 위해 나아갈 용기와 위로를 얻을 수 있다. 미신은 예측 불가능한 세상에서 살아가는 인간만의 적응 방법이라고 볼 수 있다.

미신이 가리고 있는 것

한 치 앞도 예상할 수 없는 세상에서 불안에 떨던 인간은 미신에 의지해 위로를 받고 마음을 다스려 왔다. 하지만 마음의 위안을 얻고자 미신에 기대면 불안하고 힘든 상황에 대한 원인을 제대로 파악하지 못하는 것은 물론이고, 문제를 해결할 수도 없다. 인간들은 스트레스를 낮추는 데 도움을 받는 정도로만 미신을 믿고, 눈앞에 놓인 문제를 해결하기 위한 좀 더 현실적인 방법을 찾아야 한다.

365 골골통신
미신은 과학적인 근거는 없지만 흥미를 끄는 이야기와
부정적인 메시지를 담고 있어서
인간들 사이에 순식간에 퍼진다.
또 통제할 수 없는 상황과 불확실한 삶에 명쾌한
답을 내려 주어 스트레스를 줄여 주는 역할도 한다.
하지만 현실적인 해결 방법을 찾아 주지는 않기에
인간들이 미신에 너무 많은 에너지를 쓰지 않도록
우리 외계인이 잘 감시해야겠다냥.

인간의 심리

누가 양치기 소년에게 돌을 던지는가

적응한 자만 살아남는다! 적자생존의 잔인한 지구 생태계에서 지구의 생물들은 본모습을 솔직하게 드러냈다가는 살아남기 어려웠다. 그래서 거짓말을 자주 하는데… 특히 인간들은 거짓말을 밥 먹듯이 한다.

인간은 언제부터 거짓말을 했을까?

출처: 위키미디어 커먼스

사진 속 식물은 난초 종류 중 하나로 꽃의 모습이 꿀벌을 닮아 '꿀벌 난초'로 불린다. 꿀벌 난초는 암벌의 생김새와 비슷한 모습을 한 것도 모자라 암벌의 페로몬 냄새까지 풍긴다. 수벌들은 암벌인 줄 알고 난초와 짝짓기를 시도하고, 이 과정에서 수벌은 꽃가루를 잔뜩 묻힌 채 다른 난초로 가 의도치 않게 꿀벌 난초의 꽃가루받이•를 돕는다.

인간도 꿀벌 난초처럼 여러 가지 거짓말을 하며 살아남았다. 동물의 가죽이나 뿔로 위장하여 자신보다 훨씬 더 크고 힘이 센 매머드 같은 동물을 사냥했다. 큰 무리를 이루어 살기 시작하면서 거짓말과 속임수 능력은 더 발달했다. 무리가 커지면 사나운 동물이나 자연재해와 같은 위협으로부터 자신을 잘 보호할 수 있지만 무리 안에서의 경쟁은 더 치열해진다. 경쟁에

• 꽃가루받이 씨로 번식하는 종자식물에서 수술의 꽃가루가 암술머리에 옮겨붙는 일.

서 이기기 위해 속임수를 쓰고, 상대방의 거짓말을 파악하는 과정에서 인간은 더 똑똑해졌다.

또 계급 사회가 만들어지면서 힘을 가진 자에게 잘 보이기 위한 생존 수단으로도 거짓말과 속임수는 필요했다. 마음에 드는 이성을 차지하기 위해 경쟁자에게 거짓말을 하거나, 허풍을 떠는 것도 마찬가지이다. 결국 인간은 거짓말을 잘해 살아남은 자들의 후손이라고 해도 틀린 말이 아니다.

착한 거짓말도 있을까?

거짓말은 사실이 아닌 말로 상대방을 속이기는 하나, 인간 사회에서 하는 대부분의 거짓말은 착한 거짓말일 때가 더 많다. 사실 그대로를 말한다면 다른 인간과 불필요한 갈등을 겪을 수 있기 때문이다. 친구가 키우는 뚱뚱하고 못생긴 고양이를 보고, 자신이 느낀 그대로 말할 수 있는 인간이 몇이나 있을까? 모두가 진실을 원한다고 하지만 사실 인간은 자기 마음에 드는 진실만을 듣고 싶어 한다. 그래서 인간들은 관계 유지를 위해 거짓말을 할 수밖에 없고 연결된 관계가 많을수록 거짓말은 더 많아질 수밖에 없다.

거짓말이 병을 낫게 한 역사도 있다. 환자가 가짜 약을 진짜 약으로 믿어 실제로 증상이 좋아진 현상을 뜻하는 '플라세보 효과'가 그것이다.

1944년 1월, 2차 세계 대전이 한창이던 때 병상에는 부상병이 넘쳐 났다. 진통제는 바닥난 지 오래였고 상황을 지켜보던 간호사 한 명은 어쩔 수 없이 부상병에게 진통제 대신 묽은 소금물을 주사했다. 그런데 가짜 진통제를 받은 부상병이 통증을 거의 느끼지 않는 것을 발견했다. 묽은 소금물이 실제 진통제와 같은 효과를 낸 것이다.

그래서 제약 회사에서는 신약 임상 시험을 할 때 진짜 약을 받은 그룹과 가짜 약을 받은 그룹으로 나누어 약효가 나타나는지 확인하는 '이중 맹검'을 꼭 한다. 약을 먹었다는 것만으로 증상이 나아질 수 있는 만큼 플라세보 효과를 미리 없애기 위해서다.

거짓말도 지능이다

역사학자 유발 하라리는 인간이 높은 수준의 문명을 만들 수 있던 중요한 원인으로 거짓말을 꼽는다. 거짓말도 상상력이 있어야지 할 수 있다. 풍부한 상상력을 가진 인간은 세상에 없는 것을 떠올리고 만들어 내는 능력이 있다. 도구와 발명품은 물론 신화 같은 이야기도 짓는다. 단순히 남을 속이기 위해 거짓말을 하는 것이 아닌, 새로운 것을 만들어 내는 생산적인 일에도 거짓말 능력을 쓰는 인간은 놀랍고 창의적인 생명체다.

365 골골통신
인간은 오래전부터 거짓말을 했다.
위장 기술을 사용해 자신보다 덩치가 큰 야생 동물을 사냥하고
계급 사회에서 좋은 자리를 차지할 수도 있었다.
인간은 거짓말 능력을 더 발전시켜 신화와 종교, 문학 작품
그리고 새로운 도구와 발명품도 만들었다.
거짓말도 똑똑해야지 할 수 있다.
인간의 거짓말에 속지 않으려면
인간 전용 거짓말 탐지기가 필요하겠다냥!

인간의 심리

내가 웃는 게 웃는 게 아니야

인간은 눈썹과 눈 그리고 입꼬리 등을 움직여 여러 표정을 만든다. 그만큼 표정으로 다양한 감정을 드러낸다. 특히 정말 자주 웃는다. 인간은 왜 이렇게 웃음이 많은 걸까?

인간이 웃는 이유

인간은 기쁠 때, 웃길 때, 즐거울 때와 같은 긍정적인 상황에서 웃는다. 입꼬리가 양쪽으로 올라가고 활짝 열린 입 사이로 잇몸과 치아가 보이며, 눈매가 가늘어져 초승달 모양이 된다. 때때로 웃음소리가 날 때도 있다. 인류학자들은 인간이 이렇게 웃게 된 이유에 대해 다른 인간에게 자신이 위험한 존재가 아니며 공격할 생각이 없다는 것을 표현하기 위해서라고 추측한다.

인간은 오래전부터 사회적 관계를 위해 웃어 왔다. 진화론의 창시자 찰스 다윈은 《인간과 동물의 감정 표현》이라는 책에서 인간이 표정으로 감정을 드러내는 것이 살아남는 데 꼭 필요한 일이라고 했다. 사회적 동물인 인간은 협동과 역할 분담을 통해 적을 더 쉽게 물리치고, 먹을거리도 잘 구할 수 있었다. 간단한 도구나 집을 만들 때도 함께 일하는 것은 큰 도움이 되었다. 하지만 많은 인간이 같이 살다 보면 한정된 자원을 두고 경쟁하게 되고 갈등이 생긴다. 이럴 때 필요했던 것이 웃음이다. "난 당신을 공격하거나 다치게 하지 않아요!"라는 메시지를 표정으로 먼저 알리는 것이다.

내가 웃는 게 웃는 게 아니야

하지만 오늘날 인간은 웃고 싶지 않을 때도 웃음을 짓고는 한다. 대표적으로 광고 속 연예인들의 미소와 사회적 관계를 위해 예의상 짓는 미소가 있다. 인간의 미소를 연구한 미국의 심리학자 폴 에크만은 인간은 즐거울 뿐만 아니라 전혀 즐겁지 않을 때에도 웃음을 짓기에 혼란을 불러일으키기 쉽다고 했다. 그렇다면 웃음은 신뢰할 수 없는 표정인가? 다행히도 즐거움에서 우러나는 진정한 웃음과 그렇지 않은 웃음을 구별하는 방법이 있다!

인간의 얼굴 근육 중 미소를 지을 때 가장 큰 역할을 하는 근육은 두 가지다. 광대뼈와 입술 가장자리를 연결하는 큰광대근과 눈 주위를 둘러싸고 있는 눈둘레근이다. 두 근육이 함께 수축하면 입꼬리가 위로 당겨지고 두 뺨이 올라가며 눈이 가늘어진다. 이때 짓는 미소가 진정한 미소라고 한다.

그렇다면 거짓 미소는 어떨까? 두 근육 중 큰광대근은 억지로 움직여서 입꼬리만 살짝 올라가는 미소를 지을 수 있다. 하지만 눈둘레근은 자신의 의지대로 움직이기 힘든 근육이다. 진짜 미소를 지을 때 의식하지 않고 쓸

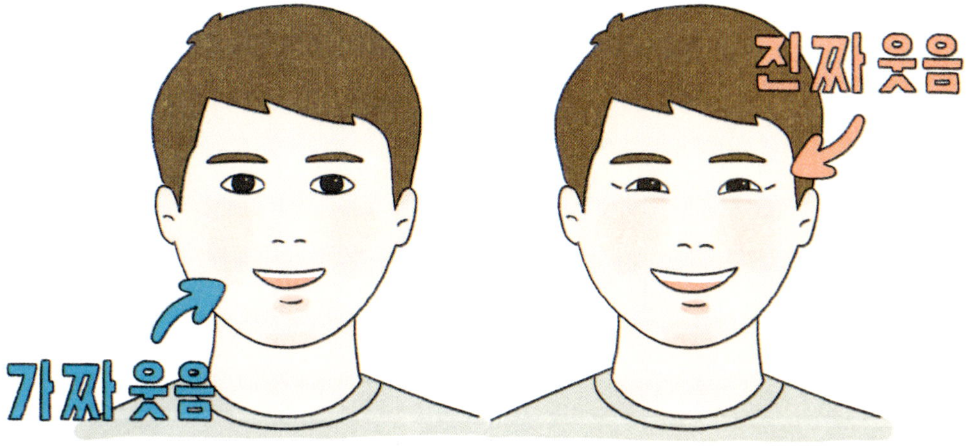

수 있다. 그래서 눈둘레근은 쓰지 않고 입꼬리만 올린 웃음을 가짜 웃음이라고 본다.

이 사실을 처음 밝혀낸 프랑스 의사 기욤 뒤셴의 이름에서 따와서 진정한 웃음에는 '뒤셴 미소'라는 이름이 붙었다. 그리고 입 주변 근육만 움직이는 가짜 미소에는 '팬암 미소'라는 이름이 붙었다. 지금은 없어진 미국 항공사인 팬 아메리카 월드 항공사(줄여서 팬암 항공사) 승무원들의 미소에서 따온 이름이다. 비행시간 내내 친절한 미소를 띤 채 탑승객을 대하는 승무원은 진짜 웃음보다 가짜 웃음을 지을 때가 많기 때문이다.

행복해서 웃는 것이 아니라 웃어서 행복한 것

진짜 미소든 가짜 미소든, 인간의 웃음은 엄청난 일을 한다. 실제 기분

이야. 어떤지 간에 미소를 짓기만 해도 인간의 뇌에서는 엔도르핀과 세로토닌 같은 행복함을 느끼게 하는 호르몬이 나온다고 하니 말이다. 이에 관한 실험도 있다.

심리학자 프리츠 스트랙은 표정에 의해 감정이 달라지는지 실험해 보았다. 실험자 중 한 그룹은 입술로 펜을 물어 무표정을 짓게 하고 다른 그룹은 이로 물게 하여 억지로 웃는 표정을 지은 채 만화책을 읽게 했다. 이후 만화책을 평가해 달라고 했는데 웃는 표정을 짓게 한 그룹이 만화책을 더 재미있다고 평가했다. 이는 미소가 단순히 감정을 표현하는 것을 넘어서 실제로 기분을 바꿀 수 있음을 보여 준다.

인간은 일찍부터 웃음의 중요성을 잘 알고 있었다. 나라마다 웃음에 관한 격언 하나쯤은 꼭 있기 때문이다. 인간은 자신들이 살아가는 데 유리한 것은 아주 잘 알고 있는 영리한 동물이다.

365 골골통신

인간은 참 잘 웃는다. 웃음은 인간 사회에서
갈등과 충돌을 막는 긍정적인 표현이었기 때문에
오래전부터 인간들은 웃으며 살아왔다.
게다가 그 웃음이 거짓일지라도 인간의 뇌에서는
행복을 느끼는 호르몬이 나와 기분이 좋아진다고 한다.
하지만 인간들은 가짜 웃음도 잘 짓기 때문에
웃는 얼굴에 쉽게 속아 넘어가서는 안 된다냥.

3장

인간의 욕구

인간의 욕구

인간, 빠른 보상에 중독되다

인간은 수많은 중독에 빠져 산다. 대표적으로 스마트폰 중독, 짧은 영상 중독, 게임 중독, 커피 중독, 마약 중독, 알코올 중독 등이 있다. 인간은 어쩌다 중독에 빠지게 되었을까?

습관과 중독은 한 끗 차이

인간이 중독에 빠지는 건 불안, 우울과 같은 심리적인 이유가 가장 크다. 인간은 스트레스를 많이 받는 생명체이다. 친한 친구와 사이가 멀어졌거나, 시험공부가 잘 안 될 때, 부모님이 잔소리하거나 큰 병에 걸렸을 때 등 크고 작은 스트레스 상황 속에서 인간은 쉽게 불안하고 우울해진다. 이런 감정에서 벗어나기 위해 인간은 술, 게임, 음식 등 순간적으로 큰 만족감을 주는 것을 찾는다. 그래서 현실이 불행하다고 느낄수록 중독에 빠졌을 때 느끼는 쾌감은 더욱 강렬해진다. 문제는 일상생활에 지장을 줄 만큼 이런 것에 의존할 때 생긴다. 기분이 나빠질 때마다 습관적으로 찾게 되고 그런 행동을 스스로 조절할 수 없을 때 중독에 빠졌다고 이야기한다.

왜 중독에서 쉽게 벗어날 수 없을까?

무언가에 중독되면 그걸 참는 것만으로도 불안하고 초조한 마음이 든다. 심장이 빨리 뛰고 손발이 떨리기도 한다. 감정 기복이 심해지고 스트레스를 받는다. 이런 반응을 일컬어 '금단 현상'이라고 부른다. 중독에서 벗어나려고 할 때 나타나는 불편한 감정과 피로감은 다시 중독을 부른다.

예를 들어 커피에 중독된 인간들은 피곤하고 집중이 안되는 금단 현상 때문에 다시 커피를 찾는다. 커피 속 카페인은 중추 신경을 자극해서 기분을 좋게 하고 각성 효과를 일으켜 맑은 정신으로 일에 집중할 수 있게 한다. 하지만 이런 상태가 계속되지는 않는다. 카페인은 피로감을 일시적으로 막아 줄 뿐 완전히 없애지는 못한다. 그래서 카페인의 효과가 사라지면 균형을 맞추려는 뇌의 작용에 의해 피로감을 느끼는 신호 물질이 다시 활동하면서 더 큰 피로감을 느낀다. 그러면 이 상태에서 벗어나기 위해 또다시 커피를 찾게 된다. 이 과정이 반복되며 중독은 심해진다.

게다가 뇌가 가장 중요하게 여기는 건 에너지 절약이다. 뇌는 같은 자극을 계속 받으면 그 자극에 대한 반응을 점점 줄여 나간다. 처음 느꼈던 짜릿한 쾌락을 느끼려면 그보다 더 센 자극이 필요하다. 그래서 중독에 빠지면 더 자주, 더 오랫동안, 더 자극적인 무언가를 원하게 된다. 이를 내성이 생겼다고 한다.

지구인은 지금 기술에 중독되는 중

기술이 발달하면서 인간은 중독에 더 쉽게 빠지게 되었다. 스마트폰도

기술의 발달로 새롭게 생긴 중독 대상이다. 불과 30여 년 전만 해도 인간이 좋아하는 거의 모든 콘텐츠가 손바닥만 한 기계 하나에 다 담길 줄은 생각지도 못했다.

그리고 기술이 발전하면서 약물의 효과도 좋아졌다. 대표적으로 통증을 줄여 주는 진통제, 불면증에 도움이 되는 수면제 등이 있다. 이 약들은 기술의 발달로 점점 더 효과가 좋아졌지만, 중독이라는 부작용도 만만치 않다. 약효가 강할수록 원상태로 돌아갔을 때의 통증은 더 심하게 느껴지고 이를 막기 위해 더 강한 약을 찾는 악순환이 반복된다.

중독은 인간을 멸종시킬까?

인간은 원시 시대부터 쾌락과 보상을 좇았다. 주로 먹기, 짝짓기, 친구 사귀기와 같이 생존과 연관된 행동에서 보상을 얻고 쾌락을 느꼈다. 그래서 맛있는 음식을 먹으면 기운이 솟고, 좋은 관계 속에서 안정감과 즐거움을 느낀다. 이때 뇌 속에 새겨진 보상 시스템은 현대에도 남아 똑같이 작동하고 있다. 어떤 일의 끝에 보상과 쾌락이 있다면 다시 찾게 된다. 특히 보상이 빠르면 빠를수록 좋다.

현대 사회는 원시 시대에 비해 지나치게 풍요롭고 자극적인 것으로 가득 차 있다. 원하는 보상을 비교적 손쉽게 얻을 수 있어서 게임, SNS, 도박, 자극적인 음식 등 다양한 중독에 빠질 확률도 같이 높아졌다.

그렇다고 모든 인간이 중독에 빠지는 건 아니다. 학교에 지각하지 않기 위해서 밤늦게 게임하지 않고 일찍 잠든다든지, 원하는 몸을 가지기 위해 케이크를 참는 등의 참을성을 발휘하기도 한다. 인간은 중독에 잘 빠지기도 하지만 손쉬운 보상 앞에 무너지지 않는 절제력도 가지고 있다. 인간이 중독 때문에 멸종할 일은 당분간 없을 것 같다.

365 골골통신
인간은 즐거움, 쾌락 등의 보상을 좇으며 살아왔다.
예전보다 빠르게 보상을 얻을 수 있는 현대 사회에서
인간들은 스마트폰, SNS, 음식 등 다양한 것들에 중독되기 쉬운
환경에 놓였다. 손쉬운 보상 앞에 인간은 무너지기도 하지만
중독을 이겨 내려는 의지도 만만치 않다.
그렇다면 인간이 우리 외계인에게 완전히 복종하도록
인간이 절대 벗어날 수 없는 중독 물질을 개발하는 건 어떻겠냐옹.

인간의 욕구

욕망의 바다를 헤엄치는 중

인간의 욕망은 다른 인간과의 관계 속에서 만들어지는 것으로, 대부분은 이룰 수 없는 소망에 가깝다. 그리고 욕망하는 것을 얻어도 또 다른 욕망이 다시 자리를 잡는다. 인간의 욕망은 어째서 끊이지 않는 걸까?

부족함이 욕망을 낳는다

인어 공주 이야기 속 아리엘은 인간 왕자 에릭에게 첫눈에 반한다. 다시 한번 왕자를 만나고 싶었던 아리엘은 인간 세상에 가기 위해 문어 마녀와 위험한 거래를 한다. 목소리를 잃는 대신에 다리를 얻어 인간이 된다. 인간이 되고 싶다는 욕망이 위험을 무릅쓰고 행동하게 했다. 이처럼 결핍은 욕망을 낳고, 욕망은 행동으로 이어진다.

인간은 수많은 욕망을 키워 나갔다. 현재 살고 있는 곳보다 더 살기 좋은 곳을 찾고자 하는 욕망은 새로운 땅과 자원을 찾아 모험을 떠나게 했고, 더 편하게 살고자 하는 욕망은 다양한 발명품을 만들게 했다. 그리고 이런 욕망 덕분에 거칠고 힘든 환경 속에서도 살아남을 수 있었다. 즉, 부족함이 욕망을 부른다. 나에게 부족하거나 없는 것들은 '나도 그것을 갖고 싶다.', '나도 그렇게 되고 싶다.'라는 욕망을 불러일으킨다. 결핍을 느끼는 한, 인간의 욕망은 끊이지 않는다.

욕망이 채워질 때 나오는 호르몬, 도파민

욕망이 채워지면 인간의 몸에서는 다양한 물질이 나온다. 그중 하나가 도파민이다. 도파민은 인간의 뇌에서 만들어지는 신경 전달 물질이다. 도파민은 기분이 좋아지게 할 뿐만 아니라 집중력을 높이고, 도전 의식을 불러일으키기도 한다. 도파민은 재미있는 영상을 보거나 맛있는 음식을 먹을 때도 나오지만 어려운 문제를 풀어내거나, 먹고 싶은 빵을 동생에게 양보할 때 등 감정적으로 스스로 만족한 상황에서도 나온다. 단순한 쾌락을 넘어선 성취감과 의기양양한 감정을 느끼게 하는 물질이다. 도파민은 근육의 정교한 움직임에도 영향을 끼치기 때문에 도파민이 부족하면 근육의 기능이 서서히 퇴화하는 파킨슨병에 걸리기도 한다.

이렇듯 도파민은 생존하는 데 있어 매우 필수적이다. 그렇다면 도파민이 많이 만들어지면 어떻게 될까? 하기 싫은 일도 매우 의욕적으로 하게 되어서 좋지 않을까? 결론부터 말하자면 그렇지 않다.

더 많이 욕망할수록 더 큰 허기를 느끼는 인간

뇌는 평소보다 도파민이 너무 많이 나오면 과도한 자극으로부터 자신을 보호하려고 한다. 그래서 도파민을 더 적게 만들고 도파민에 반응하는 세포의 수도 줄어든다. 이렇게 도파민이 부족해지면 의욕이 떨어지고 무력감을 느낀다. 심하면 웬만한 일에는 즐거움을 느끼지 못하는 상태가 된다. 줄넘기 100개를 한번에 해내는 뿌듯함, 비 온 후 맑게 갠 하늘을 보며 산책할 때 느끼는 평온함처럼 사소한 자극에는 별 감정이 들지 않는다. 달콤한 초콜릿을 아껴서 나눠 먹는 것처럼 도파민도 조절이 필요하다.

게다가 처음에 느꼈던 짜릿한 쾌락도 몇 번 반복되면 당연하게 느껴지고, 이후에는 충분하지 않게 느껴진다. 아무리 재미있는 놀이도 매일 똑같은 방식으로만 하면 흥미가 떨어지는 것처럼 말이다. 앞서 이야기했듯이 뇌는 같은 상황이 반복되면 반응을 점차 줄여 나가고 새로운 자극에 크게 반응하기 때문이다.

인간에게는 크고 작은 욕망이 있고, 이 욕망은 계속 변한다. 수많은 욕망 중 일부는 채워지기도 하고, 대부분은 채워지지 못한 채 부족한 상태로 남아 있는 게 현실이다. 욕망은 성장을 부추긴다. 인간은 욕망하는 것이 있을 때 빠른 속도로 성장한다. 하지만 욕망이 과하면 현실에 만족하지 못하고 끊임없이 더 나은 무언가를 찾으려고 한다. 날개 잃은 이카로스가 되지 않으려면 현실과 욕망 사이에 균형을 잡아야 한다.

365 골골통신
결핍을 느끼는 한 인간의 욕망은 마르지 않는
샘물처럼 넘쳐흐른다.
욕망이 채워지면 인간의 뇌에서는 도파민이라는
신경 전달 물질이 나온다.
도파민은 즐거움과 의욕, 만족감을 주지만 도파민이 평소보다 많이
나오면 뇌는 균형을 맞추기 위해 도파민의 양을 줄인다.
오랫동안 인간들을 부리려면 인간의 도파민 수치를
한눈에 볼 수 있는 도구를 만들면 좋겠다냥.

인간의 욕구

지구 최강 따라쟁이

인간은 인기 가수의 춤을 따라 추고, TV에 나온 식당을 일부러 찾아가거나 유행하는 물건을 따라 산다. 누군가 턱을 괴거나 팔짱을 끼면 무의식중에 같은 자세로 바꾸기도 한다. 인간은 왜 서로를 따라 하는 걸까?

인간이 뭉쳐 살면서 얻게 된 것

인간은 수백만 년이 넘는 시간 동안 먹거리를 찾아 돌아다니는 생활을 해 왔다. 동물을 사냥하고, 열매를 따고, 물고기를 잡았다. 이를 '수렵·채집 생활'이라고 한다. 이때부터 인간은 무리를 짓고 협력하며 살아남았다. 인간 외에도 개미, 꿀벌 등의 곤충부터 철새, 코끼리, 원숭이, 침팬지 등의 동물도 크고 작은 무리를 짓고 살고 있다. 이들이 무리 짓는 이유는 무엇일까? 답은 간단하다. 생존에 유리하기 때문이다.

인간은 다른 인간들과 함께 살면서 집단생활이 여러모로 안전하고 편하다는 것을 깨달았다. 무리를 이루면 역할 분담을 통해 일을 효율적으로 할 수 있다. 북쪽으로 누군가 사냥을 다녀오는 동안, 남쪽에서는 열매를 따오는 등 역할을 나누어 효율적으로 먹거리를 구할 수 있다. 포식자를 피하거나 공격하는 데도 유리하다.

그래서 인간은 생존과 안전을 위해 다른 인간들의 행동을 따라 하고, 뛰어난 공감 능력으로 다른 인간이 느끼는 감정에 반응해 왔다. 실제로 인간의 뇌에는 다른 인간의 행동을 볼 때 반응하는 신경 세포 집단까지 있다. 이 신경 세포는 표정이나 행동을 따라 할 때 반응하는데, 다른 인간이 팔짱 끼는 걸 보면 똑같이 팔짱을 끼고, 옆에 있는 누군가 하품하면 따라서 하품한다.

또한 인간은 집단생활을 하면서 비슷한 옷을 입고, 같은 말을 쓰며 소속감을 느낀다. 어린이들은 부모, 친구, 선생님 등 주변 인간들을 관찰하고 따라 하며 사회성을 배우고 성장한다. 이렇듯 인간에게 따라 하기는 집단 속에서 적응하기 위한 본능적인 생존 전략으로 자리 잡았다. 그래서 오랜 시간 혼자 지낸 인간들은 불안이 높고 우울함을 많이 느끼는 경향이 있다. 바이러스나 세균으로부터 몸을 지키는 면역력도 약해져서 불면증이나 만성 피로 같은 문제도 겪는다. 오호라, 인간은 외로우면 약해진다!

'나'보다 '우리'가 옳다

오래전부터 집단생활을 해 온 인간은 집단 내 약속을 매우 중요하게 여긴다. 더 나아가 집단의 의견이 자기 생각과 다를지라도 집단의 의견에 따르려고 한다. 예컨대 어떤 제품을 고를지 고민하는 상황에서 대부분의 인간은 가장 많이 팔린 제품을 선택한다. 힘들게 정보를 찾을 필요 없이 가장 많은 선택을 받았다는 것 자체를 높이 평가하고 중요한 기준으로 본다.

무리 속에서 자신의 목소리를 내야 하는 이유

하지만 다수의 의견이 항상 옳은 것은 아니다. 잘못된 생각을 가진 어떤 인간과 그를 따르는 수많은 자들이 의견을 몰아가면 인간들은 비판적으로 생각하기 어렵다. 집단 안에서 반대 의견은 받아들여지지 않고, 반대하는 인간을 아예 없애 버리기도 한다. 결국 문제점이 있어도 보지 못하고 집단 전체가 더 나은 선택을 두고도 비합리적인 결정을 내린다. 이런 일은 인류사에서 매우 자주 일어났고, 이 중 최악은 나치 독일이 일으킨 홀로코스트이다. 인종이 다르다는 이유로 600만 명의 유대인을 학살한 사건이다. 학교 폭력을 보고도 모른 척하거나, 가해자의 편에 서서 피해자의 탓처럼 몰아가는 것 역시 잘못된 집단 사고의 결과라고 볼 수 있다.

인간이 남들을 따라 하는 건 인간이 사회적 동물이기 때문에 어쩔 수 없는 현상이다. 하지만 다수의 의견에 따르기 전에 어떤 압력을 받고 선택한 것은 아닌지, 애써 생각하기 싫어서 쉬운 선택을 한 건 아닌지 한 번쯤은 생각해 볼 필요가 있다. 옳지 않은 일에 목소리를 내고, 다른 관점에서 의견을 제시한 인간이 있었기에 인류는 잘못된 과거를 바로잡고 나아갈 수 있었다. 집단의 의견을 존중하면서도 사회적으로 정의롭지 못한 일에 적극적으로 목소리를 내는 인간의 모습은 본받아 마땅하다.

365 골골통신

인간은 무리 안에서 협력하며 여러 어려움을 헤쳐 나갔다.

함께 살아야 생존에 유리했기에

다른 인간과 어울려 살기 좋은 방향으로 진화해 왔다.

그래서 다른 인간의 감정과 행동에 반응하고

때로는 따라 하는 모습을 보인다.

같은 말을 쓰고 비슷한 취향을 나누며 소속감을 느낀다.

인간을 조종하려면 이렇게 말하면 된다냥.

"다른 애들도 그렇게 한대."

인간의 욕구

편 가르는 인간들

약 5,000년 동안의 인류 문명 역사에서 전쟁이 없던 기간은 채 10퍼센트도 안 된다고 한다. 인간들은 정말 편 가르고 싸우기를 좋아하는 것 같다. 도대체 인간은 왜 이렇게 서로 편을 나누고, 또 싸우는 걸까?

멸종하기 싫으면 편 만들기부터

지구 최초의 생명체는 세포가 하나밖에 없는 단세포 생물이었다. 과학자들은 단세포 생물 중 일부가 다른 단세포 생물의 몸속으로 들어가 공생하거나 혹은 뭉쳐 살기 시작하면서 지금의 다세포 생물로 진화했다고 보고 있다. 그리고 이 다세포 생물이 현재의 식물, 균류, 동물의 조상이 된 것으로 추측한다. 즉, 지구에 다양한 생물이 나타나기까지 일부 생물의 협력이 매우 큰 영향을 끼쳤다. 협력한 자가 살아남는다! 인간의 진화도 이와 비슷한 과정을 거쳤다.

오늘날 지구의 인간 종은 호모 사피엔스가 유일하다. 예전에는 호모 네안데르탈렌시스나 호모 에렉투스 같은 인간 종이 있었지만 지금은 둘 다 멸종했다. 다른 인간 종보다 힘도 약하고 몸집도 작았던 호모 사피엔스는 어떻게 지구의 유일한 인간 종으로 살아남았을까? 인류학자 브라이언 헤어는 그 이유 중 하나로 친화력을 꼽는다. 호모 사피엔스는 무리와 끊임없는 의사소통을 통해 더 좋은 무기를 발명했고, 효율적인 음식 조리법과 저장 방법 등을 알아냈다. 서로 도움을 주고받으며 넓은 사회적 관계를 맺은 덕분에 다른 인간 종보다 생존에 유리했을 것으로 추측한다.

인간은 왜 '우리 편'에게만 다정할까?

하지만 인간은 대부분 '우리 편'에게만 다정하고 협력적이다. 인간이 말하는 '우리'는 각종 위험에 함께 대처하고, 자기 유전자를 퍼뜨리는 데 도움이 되는 인간들이다. 우리가 아닌 '그들'은 먹을 것과 살 곳 등을 두고 경쟁하는 존재로 여긴다. 그래서 인간의 뇌는 다른 인간을 보자마자 무의식적으로 도움이 되는지 위험한지를 빠르게 파악하는 쪽으로 진화했다.

다른 인간이 어떤 목적을 가지고 어떤 행동을 할지 예측하는 일은 뇌의 에너지를 많이 사용하는 복잡한 과정이다. 이런 상황에서는 이미 뇌 속에 저장된 정보로 분류하고 판단하는 방법이 효율적이다. 그래서 인간의 뇌는 불과 몇 초 만에 얼굴, 표정, 작은 몸동작 등에서 성별, 나이, 인종, 성격 등의 정보를 재빠르게 분석한다. 예컨대 길을 걷다가 누군가가 말을 걸었을 때 '매우 친절하고 다정해 보이지만, 모르는 아저씨가 말을 걸 때는 조심하라고 했어.'처럼 순식간에 판단을 내린다. 이 과정은 재빠르게 이뤄지기 때문에 생존을 다투는 상황에서 분명히 도움이 된다. 하지만 때때로 편견과 차별 등의 부작용을 낳기도 한다.

특히 특정 인종에 대한 편견은 세대를 거듭해도 잘 없어지지 않아서 미국 유럽 사회에서는 동양인을 고분고분 말을 잘 듣는 모범생이라고 색안경을 끼고 볼 때가 많다. 고정 관념은 개인적인 판단에도 큰 영향을 줘서 무수히 많은 정보 속에서 무의식적으로 고정 관념과 연관된 정보만 기가 막히게 찾아낸다.

예를 들어 어떤 인간에게 게으르다는 고정 관념이 생기면 그때부터 뇌는 무의식적으로 게으름의 단서가 되는 정보를 다른 정보보다 먼저 인지한다. 옷의 얼룩, 얼굴에 떨어진 속눈썹 같은 사소한 단서가 게으름의 증거가 되어 고정 관념은 더 확고해진다. 이렇게 만들어진 부정적인 평가는 관계에 선을 긋고 심하면 폭력으로까지 이어진다.

편을 먹는 가장 쉬운 방법, 알게 되면 사랑할 수밖에 없다

하지만 인간의 친화력은 매우 특별하다. 다른 동물들은 한 서식지에서 같은 무리를 이루며 사는 친인척에게만 협력적이지 낯선 무리는 잘 돕지 않는다. 반면 인간은 가족이나 친인척이 아니더라도, 심지어 적대적인 관계일지라도 친하게 지낼 수 있다. 실제로 2차 세계 대전 당시 나치 독일 정권이 벌인 유대인 집단 학살에서 의외로 많은 독일인들이 유대인을 도왔다. 유대인을 도왔던 인간들에게는 한 가지 공통점이 있었는데, 바로 이전에 유대인과 가깝게 지냈던 경험이 있거나 유대인 지인이 있었다는 점이다. 이전에 유대인과 함께 지낸 경험이 있었기에 자신이 죽을지도 모르는 상황에서 유대인을 헌신적으로 도운 것이다. 인간은 자신과 조금이라도 연결 고리가 있으면 쉽게 무시하지 못하고 도움을 주려고 한다. 따라서 다양한 인간과 만날수록 공격성은 누그러지고, 친화력은 높아진다. 알게 되면 사랑할 수밖에 없다! 복잡한 인간 사회에 적응하는 가장 단순한 공식이다.

365 골골통신

인간은 자신이 속한 무리에게만 협력적이다.
다른 무리나 인간은 경쟁자이자 위협을 줄 수도 있기 때문에
이전의 경험과 지식을 배경으로 섣불리 판단을
내리고는 한다. 그러나 단 하나라도 공통점이 있으면
빠르게 경계를 풀고 친해지는 모습을 보이기도 한다.
인간들과 어울려서 살아가기 위해 우리 외계인 스파이들도
언제나 인간들과 친근한 관계를 유지해야 한다냥!

인간의 욕구

먹고 또 먹고

사자는 큰 덩치와는 다르게 일주일에 두세 번 정도만 식사한다. 그마저도 배가 부르면 더 이상 먹지 않는다. 이에 비해 인간은 하루 세끼 밥에다 끼니마다 간식까지 챙겨 먹는다. 인간은 왜 이렇게 끊임없이 먹어 댈까?

에너지가 필요한 인간

인간은 체온을 항상 일정하게 유지하는 정온 동물이다. 체온이 일정하므로 추운 지역부터 더운 지역까지 다양한 곳에서 살 수 있고, 사계절 내내 활동할 수 있다는 장점이 있지만 체온을 유지하는 데 많은 에너지가 든다는 단점도 있다. 뱀이나 개구리처럼 바깥 온도에 따라 체온이 변하는 변온 동물에 비해 체온 유지에 훨씬 많은 에너지가 필요하다. 두뇌 활동도 많은 에너지를 잡아먹는다. 인간의 뇌는 하루에만 전체 에너지의 20퍼센트를 쓸 정도로 에너지 사용량이 매우 큰 기관이다. 그래서 뇌의 기능을 유지하려면 그만큼 에너지를 계속 만들어야 한다.

게다가 인간은 에너지를 만드는 족족 써 버리는 생명체다. 이게 무슨 소리냐고? 인간의 몸은 하루 동안 만든 에너지를 그날 거의 다 써 버리고 아주 적은 양만 저장한다. 사냥 후에 쉬면서 체력을 회복하는 다른 동물들과 달리 인간은 밥을 먹고 공부를 하든, 일을 하든, 운동을 하든 끊임없이 활동한다. 그래서 다른 동물에 비해 하루 에너지 소비량이 많은 편에 속한다.

이런 이유로 인간은 에너지를 만들기 위해 틈틈이 음식을 먹어 줘야 한다. 먹지 못하면 불과 3~4주도 버티지 못하고 죽는다. 사막 전갈이 수개월 동안 곤충 한두 마리만 먹고도 살 수 있는 것과 비교해 정말이지 인간의 에너지 시스템은 최악이다.

먹고 또 먹고, 과식을 부르는 유전자

인간은 에너지가 많이 필요한 몸이지만, 불행하게도 수렵·채집 시대부터 농경 시대를 거쳐 20세기까지 인류사 대부분은 굶주림의 연속이었다. 가뭄과 홍수 등으로 농사를 지어도 흉작일 때가 많았고, 지금보다 농업 기술력도 낮아서 생산량이 부족해 풍족하게 먹는 때가 드물었다. 또 잦은 전쟁과 정치적 혼란으로 굶주림은 일상이었다. 이런 환경에서 먹을 수 있을 때 더 많이 먹고, 남는 에너지를 지방으로 잘 저장하는 유전자를 가진 인간이 살아남는 데 훨씬 유리했다. 이렇게 살아남은 자들의 후손이 지금의 인간이다.

그래서 인간의 몸은 아직도 먹을 수 있을 때 최대한 많이 먹으려고 하며, 남는 에너지는 지방으로 차곡차곡 쌓아 두고 있다. 몸속에서는 배고픔을 알려 주는 호르몬을 만들고 미각은 뇌를 자극해 음식을 먹고 싶게 한다. 즉, 인간들의 넘치는 식욕은 수만 년에 걸쳐 자리 잡은 생존 본능이다.

살기 위해 먹는다? 먹기 위해 산다!

이 생존 시스템 덕분에 인간은 지금까지 살아남을 수 있었다. 하지만 1년 내내 먹을 것이 넘쳐 나는 현대에 와서는 오히려 이 시스템이 문제가 되고 있다. 하루 대부분을 앉아서 생활하는 인간은 과거보다 훨씬 덜 움직인다. 하지만 음식의 종류와 양은 예전보다 수백 배 더 많아졌다. 먹는 만큼 소비하지 못하면 에너지는 지방으로 쌓이기 때문에 그 양이 많아지면 비만과 당뇨병, 고혈압, 심장 질환, 암 등 심각한 질병에 걸릴 수도 있다.

게다가 인간은 다양한 스트레스에 시달리고 있다. 그리고 많은 인간이 음식을 먹으며 스트레스를 해소한다. '스트레스를 받으면 음식을 먹는다.'라는 공식은 뇌에 고스란히 입력되어 인간들은 스트레스를 받으면 맛있는 음식으로 보상받으려고 한다. 원래 인간의 뇌는 음식을 충분히 먹으면 이제 그만 먹으라고 신호를 보내지만 스트레스는 이런 시스템이 작동하지 못하게 한다. 포만감을 느껴도 기분 전환을 위해 음식을 더 많이 먹게 만든다.

좋든 나쁘든 인간 세상에서 음식은 더 이상 단순한 에너지원이 아니다. 팍팍한 삶을 풍요롭게 하고 지친 마음을 달래 준다. 힘든 시간을 견딘 보상이 되어 중독을 불러일으키기도 한다. 우주에 인간만큼 먹는 행위를 즐기는 생명체는 찾기 힘들 것이다.

365 골골통신

인간은 체온을 조절하고 뇌의 기능을 유지하는 등
하루에만 아주 많은 에너지를 쓰기 때문에
다른 동물보다 자주 음식을 먹어서 에너지를 만들어야 한다.
그리고 먹을 수 있을 때 많이 먹고
남는 에너지는 지방으로 저장하는 유전자를 가지고 있다.
하지만 단순히 스트레스를 풀기 위해 배가 고프지 않아도
음식을 찾아 먹기도 한다. 그렇다면 스트레스가 높은 인간에게
맛있는 음식을 주는 척 포획 작전을 펼치는 건 어떨까냥?

4장

인간의 취향

인간의 취향

너희들이 불맛을 알아?

인간은 음식을 구워 먹고, 삶아 먹고, 증기로 쪄 먹고 갖가지 방법으로 불맛을 입혀 먹는다. 익힌 음식은 인간의 외형을 바꿨을 뿐만 아니라 수명까지 늘렸는데… 인간은 왜 음식을 익혀 먹었을까?

익힌 음식의 좋은 점

익힌 음식은 부드러워서 씹기 편하다. 채소를 익히면 식감은 물론 맛도 달라진다. 아무리 딱딱한 당근과 무라도 익히면 말랑말랑하고 단맛이 강해진다. 생선회와 생선구이를 비교해 보면, 고기도 익히면 식감이 훨씬 부드러워진다는 걸 알 수 있다. 그래서 익힌 음식을 먹으면 식재료를 익히지 않고 먹을 때보다 덜 씹고 더 빠르게 음식을 먹을 수 있다. 소화하는 데 쓰는 에너지도 절약할 수 있다. 그래서 인간의 몸은 같은 양의 음식을 먹더라도 익힌 음식의 영양분을 더 잘 흡수한다.

익힌 음식, 인간을 바꾸다

익힌 음식을 먹기 시작하면서 인간의 생김새도 달라졌다. 일부 과학자들은 인간이 계속 날것만 먹었다면, 지금보다 뇌는 더 작고 배는 툭 튀어나왔을 것이라고 말한다. 음식을 소화하는 데 많은 에너지를 써서 뇌는 덜 발달하고, 장 길이는 지금보다 길어졌을 것이기 때문이다. 또 턱도 지금보다 더 크고 돌출된 형태였을 것이라고 한다. 실제로 음식을 익혀 먹지 않은 초기 인류의 치아와 턱은 현대인보다 매우 크고 넓적했다. 익힌 음식 덕분에 턱 근육을 덜 사용하게 되었고 그 결과 얼굴형도 점점 평평해졌다. 게다가 수산물이나 생고기 등에 붙은 병원균은 대부분 열을 가하면 죽는다. 그래서 음식을 익혀 먹으면서 음식을 잘못 먹어 죽는 일도 크게 줄었다.

요리하는 인간, 에너지를 얻다

인간의 몸속 기관 중 뇌와 소화 기관은 만들고 유지하는 데 매우 많은 에너지가 든다. 그만한 에너지를 얻으려면 음식을 먹어서 영양분을 만들어야 하는데, 이때 익힌 음식이 중요한 역할을 한 것으로 추측된다.

인간의 뇌는 약 1.3킬로그램밖에 안 되지만 하루에만 에너지의 20퍼센트를 쓸 정도로 에너지 소비가 큰 기관이다. 뇌 용량이 점점 커지면서 인간은 더 많은 에너지가 필요해졌다. 인간이 음식을 익혀 먹기 시작하면서 영양분의 흡수율이 높아졌고 음식을 익히지 않고 먹을 때보다 같은 시간 대비 많은 에너지를 얻을 수 있게 되었다. 결과적으로 뇌 발달에 필요한 에너지를 충분히 확보할 수 있었다.

인간의 역사를 보면 도구 사용, 직립 보행 등 여러 가지 중요한 변화가 있었다. 그중에서도 가장 큰 혁신은 불의 사용이다. 두 발로 걷거나 도구를 사용하는 동물은 인간 외에도 있지만, 불을 사용해 요리하는 동물은 오로지 인간밖에 없다. 인간은 불을 적극적으로 활용하여 독창적인 식문화를 만들었다. 자신에게 주어진 것을 어떻게 하면 더 잘 쓸 수 있는지 생각하는 인간의 능력은 이곳에서부터 시작된 게 아닐까?

365 골골통신

익힌 음식은 인류의 신체 변화와 생존에 큰 영향을 주었다. 음식을 익혀 먹으면서 턱 근육은 작아지고 음식을 소화하는 장의 길이는 짧아졌다. 영양분 흡수율은 높아져서 뇌 발달에 필요한 에너지를 충분히 얻을 수 있었다. 또한 식재료에 붙어 있는 세균이나 바이러스로 인한 식중독의 위험도 낮아졌다. 익힌 음식은 맛도 좋다! 우리 외계 식당에 인간 요리사를 필수적으로 고용해야겠다냥.

인간의 취향

수다가 아니라 사회생활입니다

인간은 말뿐만 아니라 몸짓, 표정, 문자 등 다양한 수단을 이용하여 이야기한다. 관찰한 바에 따르면 인간은 정말 잠잘 때만 빼놓고 끊임없이 말한다. 인간은 왜 이렇게 말이 많은 걸까?

인간의 언어가 특별한 이유

인간은 언제부터 말하기 시작했을까? 인류학자들은 인간이 두 발로 걷기 시작하면서 언어가 발달한 걸로 보고 있다. 언어가 없던 시기에는 몇 가지 기본적인 소리와 몸짓으로 의사소통했을 것이다. 무리 생활을 하고 집단이 점점 커지면서 더 많은 것을 설명할 수 있는 의사소통 도구가 필요해졌다. 이에 따라 다양한 언어가 만들어지고 발전했다. 그런데 어째서 인간만 이토록 다양한 언어를 사용할 수 있는 걸까?

인간을 포함하여 대부분의 포유류는 비슷한 발성 기관을 가지고 있다. 목소리 또는 울음소리가 만들어지는 곳은 성대다. 성대는 V자 모양으로 생겼는데, 양편에 얇은 막이 있다. 공기가 얇은 막 가운데에 뚫린 통로를 지나가면 양쪽의 막이 진동하면서 소리가 만들어진다.

개, 고양이, 당나귀 등 많은 동물이 성대를 가지고 있고 울음소리도 낼 수 있지만 인간처럼 정교하고 다양한 말소리를 낼 수는 없다. 일단 네발 걷기를 하는 동물들은 폐부터 목소리가 나는 후두, 입까지의 구조가 바닥을

향하고 있다. 인간은 직립 보행을 시작하면서 머리와 목의 위치가 똑바로 섰고, 이에 따라 목소리가 나오는 기관의 모양과 형태도 바뀌었다. 침팬지와 인간의 구강 구조를 비교하면 이해가 쉬울 것이다. 침팬지와 인간의 구강 구조에서 가장 큰 차이점은 인두의 크기이다.

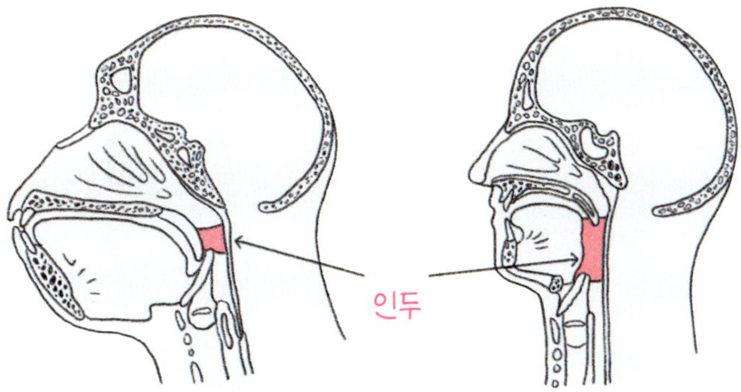

침팬지의 구강 구조 인간의 구강 구조

인두는 성대에서 만들어진 소리를 키우고 바꾸는 역할을 한다. 인간의 인두는 침팬지와 비교했을 때 훨씬 크다. 인간은 인두의 공간과 혀와 턱, 입술 등을 움직여 다양한 소리를 만들어 낼 수 있다. 반면에 침팬지는 인두 공간 자체가 좁아서 소리를 만들 수는 있어도 인간처럼 정교한 말소리를 내지는 못한다. 인간의 아기가 발음을 정확히 하지 못하는 것도 이와 비슷한 이유다. 아기는 발성 기관이 아직 완전히 발달하지 않아서 소리를 낼 때 인두를 잘 활용하지 못하기 때문이다.

인간의 수다는 목적이 없다

수다를 떨 때 인간의 뇌에서는 옥시토신이라는 호르몬이 분비된다. 옥시토신은 친구나 연인, 가족 등 친밀한 관계와 함께 있을 때 나오는 호르몬으로, 편안하고 긍정적인 기분을 불러일으킨다고 한다. 심지어 화가 나거나 스트레스가 심할 때 수다를 떨면 혈압이 낮아지고 스트레스와 우울증 해소에도 도움이 된다. 시험공부, 숙제, 발표, 친구 관계 등으로 스트레스를 많이 받는 인간 사회에서 수다는 하나의 중요한 도피처이다. 수다를 통해 간접적인 사회적 관계도 만들어진다. 한 번도 만난 적 없는 인간일지라도 이야기를 들으면 더 친근하게 느낀다. 하지만 수다가 주는 이점이 있더라도 사실 인간이 수다를 떠는 명확한 이유나 큰 목적은 없다.

인간의 말하기에 대한 오해와 진실

들소 무리가 초원을 가로지르고 있다고 해 보자. 다른 동물들도 뒤에 따라오는 동료들에게 "조심해, 앞에 들소 떼가 있어!"라는 정보를 행동이나 울음소리로 충분히 전할 수 있다. 만약 같은 상황에 놓인 인간이라면 어떻게 말할까? "동쪽에서 흙먼지가 날려서 보니 들소 떼가 몰려오고 있어." 혹은 "들소에게 밟힐 수 있으니 덤불에 숨어서 상황을 지켜보자."라고 말할 수 있을 것이다. 전해야 할 정보는 같을지라도 인간은 훨씬 풍부한 단어를 사용해 다양한 문장을 만들어 낼 수 있다.

목적이 없는 수다부터, 정보를 전달하고 미래를 계획하는 일까지 인간의 언어는 쓰임새가 무척이나 다양하다. 그렇기에 인간들이 꼭 정보를 주고받고 사회적인 결속을 다지기 위해 말한다고 볼 수 없다.

오히려 말의 내용보다 말하는 이의 태도가 더 중요할 때도 있다. 지구에는 말 한마디로 천 냥 빚을 갚는다는 속담이 있는데, 말만 잘해도 이득을 볼 수 있다는 뜻이다. 가는 말이 고와야 오는 말이 곱다는 말도 있다. 자기가 먼저 말이나 행동을 좋게 하여야 상대방도 좋게 대한다는 뜻이다. 이처럼 인간들은 말을 내뱉는 것이 아닌 주고받는 것으로 해석한다. 말은 인간 세상을 움직이는 가장 중요한 도구이다.

365 골골통신
인간은 직립 보행을 하면서 바뀐 구강 구조 덕분에
다양한 말소리를 만들어 낼 수 있었다.
그리고 이를 이용해 언어와 문자를 발명하고
사회적 소통이 더 활발해졌다. 특히 '말하기'로
서로 정보를 교환하고 심리적 안정감을 얻는다.
인간들이 쓰는 언어는 약 7,000개나 된다.
말하기를 좋아하는 인간과 함께 살려면
지구상의 모든 언어를 곧바로 번역할 수 있는
범지구 통역기가 필요하겠다냥.

인간의 취향

귀여우니까 봐줄게

2024년 4월 3일, 인간들은 자이언트 판다 '푸바오'를 중국으로 보내면서 눈물을 흘렸다. 인간은 판다라는 동물을 귀엽다는 이유로 무척이나 사랑한다. 귀여움, 그게 대체 뭐길래 인간들을 울리는 걸까?

귀여움의 실체

말똥말똥한 눈, 얼굴의 반이나 되는 이마, 둥글고 큰 머리, 앙증맞은 턱과 토실토실한 볼, 작은 코. 새끼 동물의 얼굴이나 체형이 불러일으키는 느낌을 '귀여움'이라고 부른다. 그런데 갑자기 머릿속에 무언가 떠오르지 않은가? 바로 갓난아이이다. 왜 인간은 갓난아이의 이미지에서 귀여움을 느끼는 걸까?

인간의 아기는 너무나 작고 무력하다. 신생아는 숨쉬기, 울기, 먹기 등 생존을 위한 기본적인 일 외에는 혼자서 할 수 있는 게 거의 없다. 부모가 하루 스물네 시간 내내 아기에게 매달려서 먹이고, 재우고, 어르고, 놀아 주고, 안 다치나 살펴봐야 한다. 이처럼 무력하고 품이 많이 드는 아기는 그 어떤 종에서도 찾을 수 없는 인간의 유별난 특징이다. 인간과 유전자가 98퍼센트 일치한다는 침팬지만 보더라도 새끼들은 태어나자마자 엄마의 털을 꽉 움켜쥐고 매달릴 수 있다. 엄마가 어딜 가더라도 항상 붙어 있다. 인간의 아기는 꿈도 꾸지 못할 일이다. 인간의 아기는 성장 과정에서 부모가 집중적으로 먹이고 보호하며 키워 나간다. 이때 '귀여움'이 큰 역할을 한다. '귀엽다'라는 느낌은 보살핌을 불러일으키고 이런 감정은 아기를 돌보는 데 유리하게 작용한다.

다른 동물은 왜 귀여워하는 걸까?

그런데 인간은 왜 다른 동물, 심지어 무생물인 동물 캐릭터까지 귀여워하는 걸까? 인간의 아기는 몸에 비해 큰 머리, 둥글고 통통한 얼굴과 몸통 등의 특징을 갖고 있다. 또 운동 신경이 덜 발달해서 몸동작이 굼뜨고 서투르다. 생후 1년이 지나서야 처음 걷기 시작하는데, 이때도 잘 걷지 못해 아장아장 걷는다.

이런 아기의 특징을 가진 동물은 많다. 아기처럼 뒤뚱거리며 걷는 펭귄, 통통한 몸과 동그란 눈, 코, 입이 작은 얼굴에 몰려 있는 하프물범, 둥근 몸매에 검은색 털이 매력적인 자이언트 판다 등이 대표적이다. 심지어 자이언트 판다는 서식지가 줄어들어 한때 멸종 위기 종이었지만 인간들이 많은 관심을 가지면서 개체 수를 보존하는 데 긍정적인 영향을 주었다. 허허, 동물도 귀여우면 보살핌을 받고 살아남는다.

또 인간은 오래전부터 공동생활을 하면서 자기 자식뿐 아니라 동생, 손자, 조카 등을 돌봐야 했기에 아기의 기본 특성만 가졌다면 귀여움을 느끼도록 진화했다. 그래서일까? 오랜 세월을 인간과 가깝게 지낸 개, 고양이 같은 동물은 다른 동물과는 달리 새끼 때의 귀여운 특성이 어른이 되어서도 그대로 남아 있다. 인간들의 귀여움과 사랑을 받도록 이렇게 진화한 것이 아닐까란 생각을 해 본다.

365 골골통신

둥글고 큰 눈, 토실토실한 볼, 작은 코 등
아기만이 가지고 있는 특징은 귀여움을 불러일으키며
아기를 보호하고 싶게 한다. 무력한 아기의 생존 확률을
높이기 위해 인간은 아기의 귀여움에 긍정적으로 반응하도록
진화해 왔다. 고양이처럼 인간들이 귀여워하는 동물을
분석해서 지구 곳곳에 외계인 스파이를 더 심어 두면 좋겠다냥.

인간의 취향

외모가 능력인 인간 세상

인간들은 외모 하나만으로 성격이 매우 좋을 것 같다, 공부를 잘할 것 같다, 예의 바르게 생겼다는 등 섣불리 긍정적인 판단을 내리곤 한다. 인간은 왜 이렇게 잘생기고 예쁜 인간을 좋아하는 걸까?

인간은 아기 때부터 얼굴을 본다

지구의 심리학자들이 연구한 결과에 따르면 인간의 외모에 대한 선호도는 인간마다 약간씩은 다를 수 있어도, 예쁘고 잘생겼다고 평가하는 외모는 거의 비슷하다고 한다. 심지어 생후 2개월 된 아기에게 어른의 기준에서 잘생기고 예쁜 얼굴과 평범한 얼굴을 보여 주었을 때, 매력 있는 인간의 사진에 시선이 더 오래 머문다는 연구 결과도 있다.

외모에 대한 인간의 선호는 아주 오래전부터 시작되었다. 수렵·채집 시절에는 인간들의 수명이 지금보다 더 짧았다. 질병, 부상, 사고로도 많이 죽었지만 무엇보다 유아 사망률이 매우 높았기 때문이다. 아기가 잘 태어나더라도 100일을 넘기기 어려웠다. 이런 환경에서 무리의 우두머리를 정하거나, 반려자를 고를 때 겉으로 보이는 모습이 중요한 판단 기준 중 하나가 되었을 것으로 보인다.

누가 봐도 잘생기고 예쁜 얼굴의 기준

지구인이 말하는 잘생기고 예쁜 얼굴은 매우 다양하지만, 공통으로 보이는 몇 가지 특징이 있긴 하다. 첫 번째는 좌우 대칭을 이루는 얼굴이다. 잘생기고 예쁘기로 유명한 인간들의 사진을 보면, 얼굴을 좌우로 나누어 비교해 보았을 때 이목구비의 모양이나 크기, 위치가 똑 떨어질 때가 많다. 왜 인간들은 좌우 대칭이 잘 맞는 얼굴을 선호하는 걸까? 눈, 코, 입, 이마 등의 이목구비가 비뚤어진 곳 없이 균형 잡힌 얼굴을 유전적으로 우수하고 신체가 건강하다는 것으로 해석하는 경향이 있기 때문이다.

두 번째는 바로 평균적인 얼굴이다. 평균적인 얼굴은 여러 인간의 얼굴을 합성하여 그 결과로 얻어진 얼굴을 말한다. 인간들이 평균적인 얼굴에 끌리는 이유는 얼굴 각각의 부위가 가장 잘 기능할 수 있는 적당한 크기와 모양이 안정감을 주기 때문일 것이라고 추측된다.

또 인간들은 이차 성징이 뚜렷하게 나타나는 얼굴도 매력적이라고 느낀다. 성장기에 남성은 테스토스테론, 여성은 에스트로겐이라는 성호르몬이 분비되면서 몸과 얼굴에 변화가 생긴다. 얼굴선이 부드럽고 피부가 하얀 여성, 눈썹이 진하고 턱선이 굵은 남성처럼 성호르몬에 의해 얼굴 특징이 두드러지게 달라진다. 이러한 특징이 얼굴에 잘 드러날수록 더 매력적인 얼굴이라고 생각한다.

사실 얼굴은 그렇게 중요하지 않다

하지만 잘생기고 예쁜 얼굴이 아니라고 너무 우울할 필요는 없다. 지구의 그 수많은 인간이 앞서 설명한 기준만으로 상대방의 매력을 평가하지는 않는다. 개인이 자라 온 환경과 경험이 다르고, 호감을 느끼는 얼굴 특징도 다르므로 외모를 평가하는 기준은 가지각색이다. 하물며 여성은 생식 세포인 난자가 만들어지는 시기에 따라 매력 있다고 느끼는 외모가 달라지기도 한다.

이런 연구 결과도 있다. 연구진들은 여러 나라 여성에게 부드러운 인상을 가진 남성과 얼굴선이 강한 남성을 보여 주고 어떤 얼굴이 더 매력적으로 느껴지는지 고르게 했다. 그 결과 전염병이 자주 발생한 나라의 여성들은 다른 나라보다 얼굴선이 강한 외모를 선호하는 비율이 높았다. 연구진들은 질병 발생률이 높은 지역일수록 신체적으로 더 강하고 질병을 잘 이겨 낼 것 같은 인간에 대한 선호가 강해지기 때문이라고 그 이유를 추측했다.

정리하자면 인간이 본능적으로 예쁘고 잘생긴 얼굴에 끌리는 것은 사실이긴 하나, 겉모습은 수많은 조건 중 하나일 뿐 절대적인 것은 아니다.

365 골골통신

인간은 좌우 대칭이 맞는 외모, 평균적인 외모,
그리고 성적 매력이 있는 외모를 선호한다.
이런 조건을 가진 외모가 유전학적으로
우수하다고 생각하기 때문이다.
하지만 외모 취향은 개인의 경험과 사회적 환경에도 영향을 받는다.
대칭을 좋아하는 인간이라, 그렇다면 털 무늬를
좌우 대칭으로 만들어 볼까냥?

인간의 취향

자꾸만 당기는 단맛의 유혹

인간은 짠맛, 쓴맛, 신맛, 단맛, 감칠맛 다섯 가지 맛을 느낀다. 그중 쓰거나 신 음식을 먹으면 얼굴을 찌푸리고 단 걸 먹으면 웃음꽃이 핀다. 인간은 왜 어떤 맛은 좋아하고 어떤 맛은 싫어하는 걸까?

불편한 맛, 쓴맛

지구에서 구할 수 있는 쓴맛 나는 식재료에는 치커리, 겨잣잎, 케일 같은 식물이 많다. 식물은 동물에게 먹히지 않기 위해 독성 물질을 만드는데, 이 독성 물질에서 쓴맛이 난다. 그래서 인간은 독성 물질을 걸러 내기 위해 본능적으로 쓴맛을 느끼면 불쾌감을 느끼고 뱉었다. 쓴맛을 잘 느꼈던 인간들은 생존할 확률이 높았고, 현대에도 그 유전자가 이어져 내려왔다. 그럼에도 불구하고 쓴맛이 나는 채소를 좋아하고 잘 먹는 인간이 있다. 이런 인간들은 쓴맛을 잘 느끼지 못하는데, 그 비율이 전 세계적으로 약 25퍼센트, 거의 네 명 중 한 명 꼴이라고 한다. 그렇다면 이미 수백만 년 전에 독성 물질을 먹고 죽었을 텐데 어떻게 살아남았을까?

사실 식물에는 인간이 몸에서 만들지 못하는 각종 비타민과 무기질 등 필수 영양소가 풍부하게 들어 있다. 허브 같은 식물은 음식에 풍미를 더해 주기도 한다. 쓴맛을 잘 느끼지 못했던 인간은 그동안 다른 인간이 시도하지 않았던 새로운 식물을 먹고 요리에도 활용해 보았을 것이다. 이 중 일부는 강한 독성 때문에 죽었을 테지만 일부는 운이 좋게 살아남아 먹어도 되는 식물을 구분할 줄 알게 되었고, 이를 다른 인간에게도 권했다. 이렇게 인간은 약한 독성을 가진 식물부터 먹기 시작하여 점차 쓴맛에 적응했다. 잘 모르는 식재료여도 용기 있게 먹어 본 인간이 있었기에 오늘날 인간들은 더 다양한 맛을 즐길 수 있게 되었다.

또 다른 불편한 맛, 신맛

음식이 상하면 세균이나 곰팡이가 음식을 분해해서 신맛을 만들어 낸다. 상한 음식을 먹으면 장 안에 사는 유익한 세균들이 죽고 영양분을 제대로 소화하지 못해 설사한다. 심하면 음식의 독성 물질이 몸에서 문제를 일으켜 죽을 수도 있었다. 이런 이유로 인간은 쓴맛처럼 신맛을 피하는 쪽으로 진화했다. 그래서 아직 음식 경험이 많지 않은 신생아도 본능적으로 신맛이 나는 음식을 먹으면 얼굴을 찌푸리거나 뱉어 낸다.

하지만 인간이 살아가는 데 있어 신맛은 꼭 필요하다. 비타민 C는 신맛이 나지만 인간에게 꼭 필요한 필수 영양소이다. 문제는 인간이 비타민 C를 몸에서 만들지 못한다는 점이다. 비타민 C가 부족하면 쉽게 피로해지고 면역력이 떨어지기 때문에 꼭 먹어 줘야 한다. 신맛을 싫어하는 인간은 이 문제를 어떻게 극복했을까? 인류의 먼 조상은 포도, 산딸기, 귤 등 비타민 C가 풍부한 과일을 먹으면서 신맛도 괜찮다는 걸 알게 되었고 신맛에 서서히 적응하기 시작했다. 신기하게도 원래 인간의 몸에는 비타민 C를 만드는 유전자가 있었다. 인간이 과일이 풍부한 환경에서 살게 되면서 이 유전자가 없어진 것으로 추정된다. 그 후로도 세계적으로 김치, 치즈, 요거트 등 발효 음식이 발달하면서 신맛을 즐기는 인간들이 많아졌다.

끌리는 맛, 단맛

온몸에 힘이 하나도 없고 정신이 혼미해질 정도로 배고픈 상황에서 인간은 밥, 라면, 빵, 과자, 초콜릿 등의 음식을 떠올린다. 이 음식들은 신체에서 에너지를 빠르게 만드는 탄수화물이 많이 들어 있다. 탄수화물은 몸속에서 포도당, 과당 등으로 더 잘게 쪼개져서 에너지로 이용되는데, 이 당에서 단맛이 난다. 그래서 인간을 비롯해 대부분의 동물은 단맛을 좋아하고 쾌락까지 느끼도록 진화했다. 인간들이 배가 고플 때 쓴맛과 신맛이 나는 음식보다 단 음식을 찾는 것은 아주 강력한 생존 본능이다.

365 골골통신

인간은 독성 물질과 상한 음식으로부터 몸을 보호하기 위해 본능적으로 쓴맛이나 신맛을 불편해한다. 하지만 이런 맛에도 인간의 몸에 꼭 필요한 영양소가 풍부할 뿐만 아니라 음식에 풍미를 더해 준다는 사실을 발견하면서 서서히 적응하고 즐기게 되었다. 반면에 단맛은 빠르게 에너지를 내는 당이 많이 들어 있어서 다른 맛보다 훨씬 자주 찾고 좋아하도록 진화했다. 으하하, 그렇다면 우리 외계인에게 저항하는 인간들에게 먹으면 모든 음식에서 쓴맛밖에 나지 않는 알약을 주는 건 어떨까냥!

외계 스파이가 나를 관찰한다면?

외계인이 나에 대한 관찰기를 쓴다면 어떤 내용을 적을까?

(사진)

프로필

이름			
성별	남 / 여	나이	세
혈액형	A / B / AB / O		
키	cm	몸무게	kg
신발 사이즈	mm		

취향 예) 색깔, 장소, 음식, 책, 놀이, 향

좋아함	
보통	
싫어함	

욕구

가고 싶은 장소

하고 싶은 일

갖고 싶은 물건

약점 외계 스파이에게 잡히면 큰일 나는 나의 약점은?

에필로그

고양이 스파이의 최후

아파도 좀만 참아.
이제부터 여기서 지낼 거야.
잘 말려야지 감기에 안 걸리지.
잘 먹네.
배고팠나 봐.
팡 팡 팡
크흠… 공격 중지, 공격 중지.
지구인을 더 지켜봐야겠다냥.

참고 문헌

에얼릭, 폴. (2008). 인간의 본성(들) (전방욱 옮김). 이마고.

전중환. (2010). 오래된 연장통. 사이언스북스.

레이몽, 미셸. (2013). 우리는 왜 먹고, 사랑하고, 가족을 이루는가? (이희정 옮김). 계단.

넬리슨, 마크. (2014). 인간동물 관찰기 (최진영 옮김). 푸른지식.

쿠하, 마이클. (2014). 중독에 빠진 뇌 (김정훈 옮김). 해나무.

랠런드, 케빈 & 브라운, 길리언. (2014). 센스 앤 넌센스 (양병찬 옮김). 동아시아.

본드, 마이클. (2015). 타인의 영향력 (문희경 옮김). 어크로스.

김홍표. (2016). 먹고 사는 것의 생물학. 궁리출판.

장동선. (2017). 뇌 속에 또 다른 뇌가 있다. 아르테.

배럿, 리사 펠드먼. (2017). 감정은 어떻게 만들어지는가? (최호영 옮김). 생각연구소.

윌킨스, 애덤. (2018). 얼굴은 인간을 어떻게 진화시켰는가 (김수민 옮김, 김준홍 감수). 을유문화사.

리버먼, 대니얼. (2018). 우리 몸 연대기 (김명주 옮김, 최재천 감수). 웅진지식하우스.

전중환. (2019). 진화한 마음. 휴머니스트.

골드먼, 리. (2019). 진화의 배신 (김희정 옮김). 부키.

헤어, 브라이언 & 우즈, 버네사. (2021). 다정한 것이 살아남는다 (이민아 옮김, 박한선 감수). 디플롯.

본드, 마이클. (2020). 길 잃은 사피엔스를 위한 뇌과학 (홍경탁 옮김). 어크로스.

조프슨, 마티. (2021). 당신이 인간인 이유 (제효영 옮김). 쌤앤파커스.

뵈메, 마들렌 & 브라운, 뤼디거 & 브라이어, 플로리안. (2021). 역사에 질문하는 뼈 한 조각 (나유신 옮김). 글항아리사이언스.

존슨, 스티븐. (2021). 우리는 어떻게 지금까지 살아남았을까 (강주헌 옮김). 한국경제신문사.

그리셀, 주디스. (2021). 중독에 빠진 뇌 과학자 (이한나 옮김). 심심.

박재용. (2022). 이렇게 인간이 되었습니다. 엠아이디.

렘키, 애나. (2022). 도파민네이션 (김두완 옮김). 흐름출판.

브룩스, 롭. (2022). 매일 매일의 진화생물학 (최재천·한창석 옮김). 바다출판사.

박한선. (2023). 인간의 자리. 바다출판사.

송준호. (2023). 사피엔솔로지. 흐름출판.

이상희. (2023). 인류의 진화. 동아시아.

새폴스키, 로버트 M. (2023). 행동 (김명남 옮김). 문학동네.

최훈. (2025). 우리는 왜 얼굴에 혹할까. 현암사.